교육의 본질적인 것에 대한 질문

교육에
대한
오해

교육에
대한
오해

초판 1쇄 인쇄 2020년 5월 8일
초판 1쇄 발행 2020년 5월 18일

지은이 우문영
펴낸이 김승희
펴낸곳 도서출판 살림터

기획 정광일
편집 조현주
일러스트 이태수

인쇄·제본 (주)신화프린팅
종이 월드페이퍼(주)

주소 서울시 양천구 목동동로 293, 22층 2215-1호
전화 02-3141-6553
팩스 02-3141-6555
출판등록 2008년 3월 18일 제313-1990-12호
이메일 gwang80@hanmail.net
블로그 http://blog.naver.com/dkffk1020

ISBN 979-11-5930-143-8 03370

이 도서의 국립중앙도서관 출판예정도서목록(CIP)은 서지정보유통지원시스템 홈페이지
(http://seoji.nl.go.kr)와 국가자료종합목록 구축시스템(http://kolis-net.nl.go.kr)에서 이
용하실 수 있습니다.
(CIP제어번호: CIP2020018318)

교육의 본질적인 것에 대한 질문

교육에
대한
오해

우문영 지음

교육에 대한 생각 셋

하나, 교육에 대한 오해.

교육과 축구에 관한 한 우리나라 국민 모두가 전문가라고 합니다. 그만큼 교육에 대해 관심과 애정이 많고 또한 알고 있는 것도 많기 때문일 겁니다. 저는 축구에 대해 잘 모르기에 말하기 어렵습니다. 그런데 우리 국민이 교육과 축구에 대해 가진 지식과 정보가 정말 옳은 것인지는 의문이 듭니다. 오해가 익숙해지면 그것을 진리라고 생각하는 경향이 있습니다. 오해(誤解)와 이해(異解)는 다릅니다. 오해는 잘못된 생각이고, 이해는 어떤 대상이나 현상에 대해 남과 다른 생각입니다. 이해는 얼마든지 가능합니다. 서로 다른 견해 속에서 교육은 발전해 갈 겁니다. 하지만 오해는 잘못된 사실에 기초하여 생기는 것이기에 교육의 발전을 저해합니다. 그러면 오해는 왜 발생할까요?

둘, 교육에 대한 질문.

2018년에 대학 입학에 관한 공론회장에 간 적이 있습니다. 학생

부종합전형을 옹호하는 교사들과 정시 확대를 주장하는 학부모들의 의견이 팽팽하게 맞섰습니다. 주장의 옳고 그름을 떠나서 학부모들의 주장에는 상당 부분 근거가 미약했습니다. 거기서 제가 간취한 것은 정보의 비대칭성이었습니다. 교육부, 교육청, 학교는 서로가 서로에게 정확한 자료를 주지 않는 겁니다. 이들은 특히 학생과 학부모에게는 더더욱 그렇습니다. 제 글이 우리 모두가 배우는 사람들처럼 질문을 던지고 한 번만 더 생각해 보는 마중물이 되기를 소망합니다. 질문은 왜 던지는 걸까요?

셋, 교육에 대한 희망.

배움의 시작은 질문입니다. 교육에 대한 문제 해결의 단초는 교육에 대해 문제의식을 갖는 것입니다. 기대 섞인 바람을 가지고 앞으로 교육이 나아가야 할 방향에 대한 제 의견을 정리해 보았습니다.

혹여 제가 가진 교육에 대한 지식, 거기서 나온 생각들이 오해일 수도 있습니다. 그러한 오해들을 서로가 바로잡아 나가는 가운데 우리 교육은 혁신될 겁니다. 물론 오해라기보다는 교육의 미래에 대한 기대나 희망을 넣은 것도 있습니다. 다른 생각에 대해 무관심하거나 포기하지 말고 치열한 논쟁을 통해 교육 문제를 풀어갔으면 좋겠습니다. 2020년 봄, 교육에 대한 오해를 걷어 내고 질문을 통해 희망을 기대해 봅니다.

2020년 새봄에
우문영

차례

여는 글 | 교육에 대한 생각 셋 5

1장 오해 1. 아이 10

2장 오해 2. 부모 26

3장 오해 3. 교원 46

4장 오해 4. 교육기관 74

5장 오해 5. 공부 92

6장 오해 6. 평가 126

7장 오해 7. 교육정책 146

8장 오해 8. 교육 일반 164

맺는 글 | 글쓰기는 가족에 대한 사랑을 배우는 것이다 216

오해 1.

아이

다 컸다 vs 어리다
순진과 솔직
아이들의 고민
아이의 공간
아이들의 똑같은 모습
잠시 vs 평생
게임 중독
학생들의 참여
외국의 아이들
아이에게 충격적인 사건 세 가지

다 컸다 vs 어리다

아이는 다 컸다?

네, 그렇습니다.

중학생 혹은 고등학생은 어른과 맞먹는 육체를 가지고 있습니다.

어머니로부터 젖을 떼는 육체적 이유기를 지나

부모로부터 분리되는 정신적 이유기를 지나

이제 경제적 이유기만 남겨 놓고 있습니다.

아이는 아직 어리다?

네, 그렇습니다.

어려서, 몰라서 범한 잘못들이 많습니다.

그래서 어른들이 참아야 합니다.

참으면서 가르쳐야 합니다.

이해해야 합니다.

아이는 덜 컸고 다 컸다?

네, 맞습니다.

이 두 관점을 적절하게 활용하는 것이 교육이며 양육입니다.

만일 상황을 잘못 적용하면 큰 파장이 입니다.

순진과 솔직

아이는 순진할 것이다?

아이는 순진합니다.

그러나 순진하기만 하지는 않습니다.

아이가 순진하기만을 바라는 어른들의 마음이 있을 뿐입니다.

아이는 솔직할 것이다?

아이는 솔직합니다.

하지만 아이도 인간입니다.

아이에게 거짓말을 하게 하는 상황을 만들지는 않았는지 생각
해 봐야겠습니다.

아이들의 고민

아이들이 "그냥"이라고 그냥 답한 것이다?

당신하고 이야기하고 싶지 않거나 할 말이 없는 겁니다.

아이들은 고민 없이 말하거나(행동하거나)

아이의 고민은 수준이 낮다?

자신의 인생기에서 가장 최고의 고민을 하고 있습니다.

아이의 공간

아이는 혼자 있으면 안 된다?

유아가 아닌 이상 아이만의 공간이 필요합니다.

아이의 동의를 구하지 않고 아이의 방에 들어가면 안 됩니다.

아이도 아이만의 비밀의 방이 있었으면 좋겠습니다.

생각해 보세요.

아무의 간섭도 받지 않는 공간이 아이에게 얼마나 되는지를.

하긴 어른들도 그런 공간이 없긴 합니다.

아이들의 똑같은 모습

학생은 교복을 입어야 한다?

학생은 왜 교복을 입어야 하나요?

그럼 어른은 왜 어른복을 안 입나요?

입고 싶은 아이만 입으면 안 되나요?

학생은 학교에서 정해진 체육복만 입어야 한다?

체육 수업을 하기에 편한 옷차림이 필요한 것 아닌가요?

학생은 겨울에도 정해진 외투만 입어야 한다?

여름에는 시원하게 입고, 겨울에는 따뜻하게 입어야 합니다.

학생들은 교복, 체육복, 생활복(간편복), 그리고 사복도 사야 합니다. 한 발 물러서서, 정말 획일적으로 입기를 원한다면 학교나 정부에서 전적으로 부담해 주세요.

잠시 vs 평생

고등학생은 참아야 한다?

대학에 가면 하기 싫은 건 안 해도 되나요?

학생만 참으면 되나요?

어른들은 안 참아도 되나요?

내일도 중요하지만 오늘도 소중합니다.

고등학교 성적이 평생 간다?

그것이 현실이지요.

그게 옳다고 생각하세요?

수능 한 번 잘 보면 평생 실력 있다고 인정받는 현실이요.

그럼 대학 가서 공부는 왜 하나요?

그런데 앞으로도 그게 가능할까요?

게임 중독

저는 게임 중독자가 아닙니다?

이 판만 해야지.

이길 때까지만 해야지.

질 때까지만 해야지.

한 번만 더 하고 끝내야지.

정시에 맞춰 끝내야지.

이러면 중독입니다.

학생들의 참여

학생들이 참여해도 되는 것은 무엇일까요?

① 학교운영위원회

② 학교 소비조합

③ 교육과정위원회(학교든, 교육청이든, 교육부든)

④ 국가교육위원회

⑤ 교과서선정위원회

정답: 다 참여해야 하는데 못 하게 합니다.

외국의 아이들

외국 아이들도 우리 아이들처럼 공부할 것이다?

별 보면서 집에 오는 아이들은 세계에 우리 아이들밖에 없다고
합니다.

시험 문제들을 기계적으로 반복해서 푸는 아이들도요.

공부 시간은 그렇게 많은데 공부하기 싫다는 아이들도요.

외국 아이들은 공부를 좋아한다?

예나 지금이나 동양이나 서양이나 요즘 아이들은 버릇이 없다고
하지요.

학교 가기 싫어하는 것은 어디나 마찬가지입니다.

학교가 즐거운 곳,

그것이 우리가 원하는 것입니다.

아이에게 충격적인 사건 세 가지

첫째, 전쟁입니다.

정말 무시무시한 사건이지요.

아이뿐만 아니라 어른한테도 일어나면 안 되는 사건입니다.

둘째, 전학입니다.

전학은 제2의 탄생과 같을 정도로 아이에게는 충격적인 일입니다.

일부러 전학을 보내는 일이야 적겠지만 되도록 전학은 안 보내는 게 좋습니다.

어른이 불편하더라도요.

셋째, 부부 싸움 - 이혼입니다.

아이의 동의를 얻는 이혼은 없습니다.

혹시 동의했더라도, 그 동의는 다분히 폭력적입니다.

전쟁, 전학, 이혼은 아이에게 같은 크기의 충격을 줍니다.

2장

오해 2.

부모

부모의 사랑
문제의 원인
아이와의 거리
아이 상처 vs 어른 상처
고마움 vs 미안함
친구 같은 부모 vs 부모 같은 친구
부모와 아이의 의견이 다를 때
너희도 우리처럼 vs 우리와 다르게
아이에 대한 무한 기대 vs 무한 포기
아이 탓 vs 친구 탓
엄마 교육 vs 아빠 교육
학교에 대한 무지와 불신
사교육 따라가기
좋은

부모의 사랑

내 자식만 잘되면 된다?
그 자식은 누구랑 살아갈까요?
혼자만 잘 살면 재미없어요.

사랑하기에 잔소리한다?
아이가 못 받아들이면 간섭입니다.
받아들이면 사랑입니다.

문제의 원인

문제 학생이 있다?

아닙니다.

문제 어른이 있을 뿐입니다.

우리 가정은 아이 때문에 문제가 생긴다?

어른과 아이의 대화에서 먼저 짜증을 내는 사람이 누굴까요?

그 사람이 문제의 원인입니다.

아이와의 거리

너는 나다?

부모와 아이는 참 많이 닮았습니다.

그렇더라도 부모와 아이는 다릅니다.

닮았다는 것은 다르다는 걸 전제합니다.

비슷하지만 참 많이 다릅니다.

아이와 늘 가까워야 한다?

아이의 입장에서 생각하는 것과 아이와 거리를 두는 것은 다른 겁니다.

아이와 가까워야 한다는 것은 아이를 지속적으로 관찰하고 접촉 시간을 늘리는 것을 의미합니다.

관찰은 거리 두기를 기반으로 합니다

너무 가까워지면 관찰이 아닌 간섭을 하게 됩니다.

가까우면서도 거리 두기, 참 어려운 일입니다.

아이 상처 vs 어른 상처

상처는 아이만 받는다?

엄마도 아빠도 교사도 어른들도 상처를 받습니다.

내 짜증을 부모님은 다 이해한다?

짜증을 받고 좋아할 사람은 그 누구도 없습니다.

내 아이니까 참고 이해하는 것입니다.

부모들은 아이한테 당연히 잘해야 한다?

그래야지요.

자식들도 부모님께 늘 고마워해야 하지요.

선생님은 강해서 마음을 다치지 않는다?

선생님들도 상처를 받습니다.

그리고 선생님도 누구의 자식이며, 누구의 부모입니다.

고마움 vs 미안함

아이에게는 늘 고맙다?

아이는 그 자체로 선물입니다.

아이가 어렸을 때 웃어 주는 것으로 평생 효도를 다 한다는 말도 있습니다.

오늘 하루를 살아가는 아이는 부모에게는 행복입니다.

아이에게 미안하니까 아이가 원하는 걸 다 해 준다?

아이에게 더 잘해 주고 싶은 마음은 부모의 한결같은 마음입니다.

잘해 주지 못하는 마음은 미안함으로 바뀝니다.

하고 싶은 말도 못 하고 아이가 원하는 것을 해 줍니다.

미안함과 원하는 것을 들어주는 것을 분리해 보세요.

친구 같은 부모 vs 부모 같은 친구

둘 중 누가 필요할까?

아이에게는 친구 같은 부모, 친구 같은 교사가 아니라 친구가 필요합니다.

아이에게 친구가 필요할 때는 친구가 되어 줍시다.

친구는 친구에게 지시, 명령, 간섭, 감독을 하지 않습니다.

그렇다고 아이가 부모에게 늘 친구로 대해 주기를 원하는 것은 아닙니다.

상담을 원하거나 불안을 느낄 때는 든든한 울타리와 같은 부모이기를 원합니다.

친구가 되고, 울타리가 되는 경우가 따로 있는 것입니다.

문제는 경우에 따른 역할이 바뀔 때입니다.

부모와 아이의 의견이 다를 때

자식 이기는 부모 없다고 합니다.
자식의 삶은 자식의 것이기 때문입니다.

부모가 원하지 않는 방향으로 자신의 진로를 정하라는 말도 있습니다.
부모가 살았던 시대와 다를 수 있고,
자식이 그 삶을 원하지 않을 수도 있습니다.

아이와 부모의 의견이 다를 때
삶의 결정권을 누가 가져야 하는지 고민해 봅니다.
누구의 삶인가.

너희도 우리처럼 VS 우리와 다르게

내가 어렸을 때는 안 그랬다?

"나는 부모님 말씀 잘 들었다."

"나는 공부만 했다."

정말 그러셨나요?

학부모 시대의 학교교육으로 하면 성공할 것이다?

"아빠 엄마는 이렇게 공부했다."

시대가 많이 바뀌었습니다.

그리고 계속 바뀝니다.

새로운 학습과 학습 방법이 요구됩니다.

자신의 길과 반대로 하면 성공할 것이다?

나처럼 살면 안 돼.

학부모나 교사가 자신이 걸었던 길을 성찰하는 것은 유의미합니다.

자신이 걸었던 길은 하나의 길이었고, 그때의 길이었습니다.

진로는 더 다양해졌습니다.

아이들은 부모의 말에 언제나 따라야 한다?

자식이 내 얘기대로 하면 정말 좋은 건가요?

내가 생각하는 방식대로 인생이 살아지던가요?

왜 아이한테만 강요하나요?

아이가 어른 의견대로만 살아갈 경우에는 비판적 사고가 저하됩니다.

아이에 대한 무한 기대 vs 무한 포기

우리 아이는 안 될 거다?

지금의 잣대로만, 당신의 잣대로만 아이를 보면 그럴 수 있습니다.

하지만 내일의 기준으로,

여러 사람의 기준으로 보면 아이는 될 수 있습니다.

자신은 중류층, 아이는 상류층이 될 거다?

나보다 더 나은 삶을 살기를 바라는 것은 모든 부모들의 마음.

교육만으로 사다리 복원이 될까요?

고위층보다 행복한 자녀를 꿈꾸시는 건 어떨까요?

아이 탓 vs 친구 탓

내 아이는 안 그래요.

아이를 믿어 주는 건 좋습니다.

내 아이는 정말 안 그런가요?

내 아이는 왜 안 그런가요?

그렇다면 다른 아이도 안 그래요.

내 자식의 문제는 친구 탓이다?

내 아이는 그 아이의 친구예요.

그리고 정말 친구 탓일까요?

친구가 피해자는 아닐까요?

엄마 교육 VS 아빠 교육

교육은 엄마의 몫이다?

그리고 책임도 엄마에게만 묻습니다.

아빠가 왜 있어야 하는지 알려 주세요.

아빠가 할 수 있는 건 아이와 함께하는 시간입니다.

아빠 엄마 모두의 딸 아들입니다.

학교에 대한 무지와 불신

학부모는 학교에 대해 잘 모른다?

학부모가 학교에 대해 왜 잘 모를까요?

이러한 정보의 비대칭성은 어디서 오는 걸까요?

학부모가 학교 문턱을 넘기가 어려운(?) 문화적·구조적 문제도 있지만 요즘 같은 시대에 교사나 학교만 알고 있는 정보를 나누기 꺼리거나, 그러한 노력이 부족한 탓입니다.

교사가 알고 있는 만큼 학부모가 안다면 교사와 학교에 대한 신뢰가 높아질 겁니다.

학부모들은 학교를 불신한다?

왜 불신할까요?

처음부터 그랬을까요?

학부모가 학교 문턱을 편안하게 넘어올 수 있게 합시다.

학부모와 학생을 믿읍시다.

학교가 바뀐 후에 믿어 달라고 합시다.

좋은 정보는 나만 가져야겠다?

그럼 다른 학생도, 학부모도, 교사도 자신에게 필요 없는 정보만 나눕니다.

사교육 따라가기

우리 아이도 남들만큼 해야 한다?

최고의 강사와 교육 환경으로 무장한 강남 대치동 수준으로 귀 댁의 자녀를 사교육 시킬 수 있나요?

아니라면 경쟁의 방법이 잘못되었습니다.

우리와 같이 없는 사람들은 아이들과 시간을 보내 주는 것이 경쟁입니다.

그런데요.

굳이 경쟁할 이유가 있나요?

좋은

당신의 좋은 자녀가
좋은 가정에서 태어나
좋은 유치원을 나와
좋은 초등학교를 나와
좋은 중학교를 나와
좋은 고등학교를 나와
좋은 대학교를 나와
좋은 직장을 다니며
좋은 가정을 꾸렸으면 좋으시겠죠?
그런데 좋은 게 뭐예요?

3장

오해 3.

교원

교원의 신분
교실 속 교사
교사에 대한 환상
실력 좋은 선생님의 조건
인정 vs 사과
학교 선생님 vs 학원 선생님
질문, 어떻게 할 것인가?
교사의 수업
교수 방법
교수와 학습 사이
교사의 방학
교장의 어려움
관계와 호칭
교원단체
교원 평가와 성과급
장학사란?
누가 교육 전문가인가?

교원의 신분

교원은 지방공무원이 되어야 한다?

지방교육자치를 위해 지방공무원이 되어야 한다는 주장이 있습니다.

교원이 국가공무원인 것은 신분 보장을 위해 매우 중요합니다.

그렇다고 지방공무원이 불이익을 받는다면 그건 매우 부당한 일입니다.

교원이건 아니건 간에요.

교육전문직(장학사, 장학관)은 국가공무원이다?

교사는 국가공무원.

교육전문직은 지방공무원.

교감, 교장은 국가공무원.

교육장은 지방공무원.

교실 속 교사

교실에 있는 전문가는 교사 혼자다?

학생들도 전문가입니다. 배움 전문가.

교사는 왕이다?

학생은 황제인가요?

토의 수업을 하면 교사는 편하다?

돌아다니면서 학습자 개개인을 살펴야 합니다.

준비하는 시간은 훨씬 많이 듭니다.

교사는 교과 내용의 모든 것을 알고 있다?

교과 전문가이기도 하지만 아이를 가르치다 보니 배우는 것도 많습니다.

4년제 대학 나온 학습자입니다.

교사에 대한 환상

학생만 변한다?

학생에 따라 교사도 변합니다.

매우 많이요.

교사는 완벽하다?

교사도 사람입니다.

실수도 합니다.

많이 합니다.

선생님은 가르치는 사람이다?

교사도 배웁니다.

학생한테도 배웁니다.

성장하는 중입니다.

실력 좋은 선생님의 조건

좋은 대학을 나오면 좋은 선생님이다?

그럴 수도 있습니다.

그러나 반드시 그렇지는 않습니다.

좋은 대학을 나오신 분들은 개인 연구에 강합니다.

아이가 왜 모르는지 잘 모르실 수 있습니다.

많이 아는 것과 잘 가르치는 것은 별개일 수 있습니다.

많이 알고 있는 교사가 유능하다?

교과 지식을 많이 알면 좋지요.

그렇다고 그런 교사들이 모두 아이들을 잘 가르치는 것은 아닙니다.

많이 알지 못해도 잘 가르치는 교사도 많습니다.

앞으로는 지식을 아는 것은 인공지능이 담당할 테니, 아이들과 함께 잘 나누는 교사가 더 유능할 겁니다.

선생님은 다양한 교수 방법을 알고 있어야 한다?

거꾸로 학습, 비주얼씽킹, 토론학습, 배움의 공동체 등 새로운 교수-학습 방법이 나왔습니다.

이러한 방법들을 알아 두면 좋겠지만, 모른다고 큰 문제가 되지는 않습니다.

새로운 방법들의 경향은 아이들과 함께 수업하자는 겁니다.

아이에 맞는 수업 방법을 실천하면 됩니다.

우리나라 교사는 우수한 학력을 갖추었다?

핀란드에 이어 최고의 학력을 지닌 대한민국의 교사.

경력이 쌓일수록 떨어지는 전문성.

교사 개인의 문제인가요?

교사를 못 믿는 사회 문제인가요?

인정 vs 사과

인정을 하면 지는 것이다?

선생님, 수업하다가 모를 경우, 모른다고 하세요.

학생 여러분, 수업하는데 선생님이 왜 떠드느냐고 지적하실 때,

일단은 가만히 있다가 수업이 끝난 후에 정식으로 이야기하세요.

교장 선생님, 공문이나 지침을 잘못 읽었을 경우, 그렇다고 말씀

하세요.

잠시만 인정하고 나중에 꼭 말씀하세요.

인정이 실력이고, 이기는 겁니다.

잘못을 하면 사과는 반드시 받아야 한다?

잘못을 하면 사과하고 용서를 구해야지요.

미안한 마음을 가지고 있는 사람한테 사과를 강요하면 오히려 화만 냅니다.

아이는 더더욱 사과할 기회를 잃고 맙니다.

조금만 기다려 주세요.

학교 선생님 vs 학원 선생님

학교 선생님이 학원 선생님들보다 실력이 더 좋다?

학교 선생님들은 임용고시라는 어려운 시험에 합격한 분들입니다.

그리고 평가권을 갖고 계시지요, 학교 선생님들은.

학원 선생님이 학교 선생님보다 실력이 더 좋다?

강의식 교수법에 강하신 분들입니다, 학원 선생님들은.

학원은 문제해결능력을 키워 준다?

문제를 반복해서 풀다 보니 문항해결능력이 커지는 겁니다.

질문, 어떻게 할 것인가?

교실의 질문 4단계

1단계: 선생님께서 만들어 준 질문

2단계: 선생님과 함께 만든 질문

3단계: 내가 만든 질문

4단계: 선생님께 드리는 질문

교사가 당연하다고 여기는 것을 아이가 질문한다면

아이는 지식과 정보에 관심이 있는 것입니다.

아이에게는 당연하지 않을 수 있습니다.

아이의 질문에 답할 마음이 없다면 교사는 가르치고 싶은 마음,

지식에 대해 배우고 싶은 마음이 없는 것입니다.

교사의 수업

교사가 수업할 때는 교장이 교실에 들어오면 안 된다?

반대로 교장은 마음대로 들어가도 된다?

둘 다 아닙니다.

교실에서의 수업은 교사만의 시간도, 교장 선생님의 지도 시간도 아닙니다.

교사와 아이에게 동의를 구하고 수업에 방해되지 않을 때만 가능한 것입니다.

교사에게만 또는 학생에게만 동의를 구하는 것이 아니라 모두에게 동의를 얻어야 합니다.

교장 선생님의 감독과 지원은 이 둘의 요청이 있을 때, 그리고 수업이 끝난 후에 가능합니다.

교사의 수업 비평은 잘한 점만 말한다?

비평은 비점批點과 평주評注의 준말입니다.

잘한 것은 잘했다고, 못한 것은 못했다고 말해 주어야 합니다.

둘 중 하나만 말하는 것은 적절하지 않습니다.

교사가 수업에 집중하다 보면 놓칠 수 있는 것들을 다른 시선으로 접근해서 말해 줍니다.

수업 비평은 관찰과 상상력이 요구됩니다.

물론 교사와 수업에 대한 애정이 먼저 필요하지요.

교수 방법

토의 시간에 떠들지 마라?

자유로운 대화 자체가 학습입니다.

떠들지 않고 토의나 대화를 할 수 있나요?

"꼼짝 마, 손들어"라는 말과 같은 모순은 아닐까요?

모든 수업은 거꾸로 수업이 가능하다?

가능은 하지만 항상 좋은 결과를 얻는 것은 아닙니다.

거꾸로 수업에 맞는 교과목, 시간이 있습니다.

교사는 많은 교수 방법을 알고 있어야 한다?

많이 알고 있으면 좋습니다.

다양한 교수 방법을 적용할 수 있을 테니까요.

지식으로 알고 있는 것과 수업 시간에 실천하는 것은 다릅니다.

아이에 맞는 교수 방법을 알고 실천하는 것이 중요합니다.

최근 유행하는 교수 방법을 배워야 한다?

역시 다양한 교수 방법을 배우면 좋겠지요.

하지만 요즘 교수법 흐름은 학생에게 권한 이양을 하는 겁니다.

아이의 발달 단계와 특성에 맞는 교수법을 실천하면 됩니다.

교수와 학습 사이

내가 열심히 하면 아이들이 열심히 공부할 거다?

그럴 가능성이 매우 높지요.

하지만 바로 등가가 되지는 않습니다.

아이들은 나와 다른 하나의 사람이니까요.

교사든 부모든 열심히 자신의 일을 하세요.

그만큼 자신에게 도움이 되니까요.

그렇더라도 아이들에게 열심히 하는 것을 기대하거나 강요하지는 마세요.

자신의 과목을 잘 못하면 다른 과목도 못할 것이다?

모든 과목을 다 못하기가 얼마나 어려운 줄 아세요?

선생님이 싫어서 그 과목을 못할 수도 있다고 생각해 보셨나요?

그 잘하는 한 과목에 그 아이의 인생이 달려 있다고 생각해 보셨나요?

내가 못 가르치는 것이 아니라 아이가 잘 이해하지 못하는 것이다?

훌륭한 선생님은 이해를 잘하는 아이를 더욱 잘 이해하게 하는 사람이 아니라, 이해하지 못하는 아이를 잘 이해하게 가르치는 사람입니다.

아이가 왜 배우지 못하는지 그 이유를 알아서 해결하는 것이 선생님에게 필요한 역량입니다.

교사의 방학

교사는 방학 때 논다?

노는 선생님도 계실 겁니다.

아이들에게 노는 시간이 필요하듯이 선생님들에게도 노는 시간이 필요합니다.

쉬는 선생님도 계십니다.

쉬면서 새로운 경험을 하십니다.

그러한 경험들이 수업에 녹아듭니다.

대부분의 선생님들은 연수를 받으십니다.

교사는 연가를 사용하기 어렵고, 사용하지 않더라도 보상하지 않습니다.

교사는 방학 때 일을 하지 않으니 임금을 주지 말아야 한다?

교사의 연봉을 줄이자는 것이 아니라면 방학 때 월급을 주지 않는 것은 큰 의미가 없습니다.

다른 달에 더 주어야 합니다.

만일 방학 때 월급을 주지 않는다면 현재 법으로 금하고 있는 겸직을 허용해야 합니다.

그리고요, 선생님들은 방학 때 노는 게 아닙니다.

수업 연구나 자가 연수를 하십니다.

교장의 어려움

학교에서 교장이 가장 힘들다?

미국과 독일에서는 교장 선생님을 구하기 어렵답니다.

우리나라에서는 많은 분들이 서로 하려고 하지요.

교장은 자격증이 꼭 있어야 한다?

외부 공모를 통한 경우를 제외하고는 자격증이 있어야 한다는

규정이 있습니다.

그런데 과연 교장 자격증이 반드시 있어야 하는지 의문입니다.

대학 총장 자격증 들어 보셨나요?

대통령이나 기관장은 자격증이 있나요?

왜 교장만 자격증이 있어야 하나요?

교사들 중에서 투표로 뽑으면 안 되나요?

학교의 모든 결정권은 학교장에 있다?

교장 선생님도 한 표를 가지고 계실 뿐입니다.

학교장이라 함은 기관 대표를 의미합니다.

교장 선생님의 판단도 소중히 여긴다는 의미입니다.

관계와 호칭

관계가 바뀌면 호칭도 바뀝니다.

옆집 아저씨가 내가 존경하는 선생님이 됩니다.

앞집 아이가 나의 소중한 학생이 됩니다.

뒷집 아주머니가 학부모가 됩니다.

내가 선생님이 되고, 학부모가 되고

선생님이 학부모가 됩니다.

수업 시간에 들어오시는 선생님만 선생님이라 부른다?

학교에 계시는 분들 모두가 선생님입니다.

아이를 위해 계시는 분들 모두가 선생님입니다.

그럼 아이는요?

아이도 배우는 선생님입니다.

교원단체

노조는 불필요하다?

노동을 통해 임금을 받는 모든 이들은 노동자입니다.

학교에는 수많은 종류의 노동자들이 존재합니다.

교사도 마찬가지입니다.

노동자들이 조합을 만드는 것은 지극히 당연한 일입니다.

우리 아이들의 대부분도 노동자가 될 겁니다.

교원단체는 많을수록 해롭다?

어떤 대상이든 조직이든 다양성이 중요합니다.

다양하지 않은 조직이나 개체는 썩고 소멸합니다.

교원 평가와 성과급

교원에 대한 평가는 필요 없다?

아닙니다.

반드시 필요합니다.

그런데 현재의 교원능력개발평가는 아닙니다.

목적도 불분명하고 방식도 적절하지 않습니다.

교원 평가의 주된 목적은 교원의 성장입니다.

이것에 맞춘 방식이 적용되어야 합니다.

교사 퇴출이 목적이라면 역시 다른 방식을 택해야 합니다.

교원 성과급제도는 필요하다?

성과급은 효율성이 없는 제도입니다.

더구나 교육공무원들의 성과를 어떻게 측정할까요?

측정 가능하다면 받아들이겠습니다.

측정 가능한 만큼만.

장학사란?

장학사는 교육전문직이다?
1년 6개월, 짧게는 6개월마다 보직을 옮기는데,
교육행정에 전문성이 있을 수 있을까요?

교사가 장학사가 되면 승진이다?
전직일 뿐입니다.
교사가 직급이 없듯이 장학사도 없습니다.
교육공무원은 단일 호봉입니다.

누가 교육 전문가인가?

대학교수만 교육 전문가다?

학생, 학부모, 교사는 현장 전문가이고요,

연구자, 대학교수는 이론 전문가입니다.

두 전문가들이 모여야 교육이 발전합니다.

우리 모두가 교육의 전문가다?

우리가 교육과 학교에 대해 많이 알고 있는 것 같지만 실제 허당인 경우가 허다합니다.

오히려 사공이 많으면 배가 산으로 가지요.

교육과 학교의 전문가는 교사입니다.

4장

오해 4.

교육기관

학교 평가

교육감

교육청은 바뀌었다 vs 안 바뀌었다

민원

지방의회가 할 일

교육부와 교육

교육부의 존재 이유

교육부와 교육청, 누가 높은가?

교육자치의 개념

교육부와 교육자치

교육자치와 일반자치의 통합

학교 평가

학교는 교육행정기관이다?

학교는 교육기관입니다.

교육행정은 교육과정 실천을 위한 지원입니다.

교육부-교육청-학교의 수직적 교육행정체제가 학교를 망칩니다.

학교 평가는 필요 없다?

평가의 본래 목적은 사람이나 기관의 성장과 발달에 있습니다.

그러기에 학교 평가는 필요합니다.

평가 주체는 스스로여야 합니다.

학교 평가 역시 학교 구성원이 해야 합니다.

스스로의 힘으로 평가할 수 없을 때 외부의 평가를 받습니다.

교육감

교육감이 가진 권력은 절대적이다?

그 힘은 주권자인 우리가 잠시 빌려준 겁니다.

교육자치는 교육감을 위한 것이다?

교육자치의 끝은 학습자 삶의 자치입니다.

교육감에게 주어진 권한은 잠깐 스치는 겁니다.

교육감의 권한과 사무가 학교로 갑니다.

교육감 직선제는 우리나라밖에 없는 기이한 제도다?

미국의 여러 주에서 실시되고 있습니다.

보편적으로 많은 나라에서 실시되지 않고 있습니다.

프랑스의 판사 노조, 미국의 검사 선출 제도를 미개하다고 하지 않습니다.

좋은 제도, 우리가 먼저 하면 안 되나요?

교육청은 바뀌었다 vs 안 바뀌었다

교육청은 바뀌었다?

교육감이 바뀌었고,

교육이 달라져야 한다고 인식하고 있지만,

크게 달라져 보이지 않습니다.

무엇이 변화했고,

무엇이 변화하지 않았는지 따져 보아야 합니다.

왜 변화했는지, 왜 변화하지 않았는지도 말입니다.

교육청은 하나도 안 바뀌었다?

아주 조금은 바뀌었어요.

티 안 나는 정도로요.

교육감이 바뀌면 학교가 바뀐다?

학부모들은 교장 선생님 바뀌는 것에 더 관심이 많습니다.

알고 계신가요?

교장 선생님도 교육감의 교육정책을 따라야 한다는 것을.

학교는 여전히 예전과 같다?

아주 많이 달라졌습니다.

하지만 우리의 기대에는,

세상의 변화 속도에는 미치지 못합니다.

민원

민원 때문에 힘들다?

힘드시죠.

학부모, 학생, 지역주민이 교육공무원들에게 월급을 주는 사장님들이십니다.

상급 기관으로 갈수록 민원 해결이 잘된다?

재량 범위가 늘어나니까 그럴 수 있지요.

학교에서는 안 된다고 하던 것들을 교육청이나 교육부는 가능하다고 말할 때가 있습니다.

대부분은 사소한 것들이지요.

힘든 것은 학교가 알아서 해야 한다고 하지요.

중요한 것들은 결코 교육청이나 교육부에서도 승인하지 않습니다.

법과 제도 내에서 허용되는 것들만 큰 인심 쓰듯 용인합니다.

원래는 가능한 것들이었습니다.

교장, 교감을 만나야 해결된다?

결재권자니까 허용의 범위가 비교적 넓을 겁니다.

교장 선생님이나 교육장이나 교육감, 교육부 장관을 직접 만나면 모든 게 해결될까요?

만나기는 쉬울까요?

그분들이 결정하면 다 따라야 할까요?

가장 처음 만나는 공무원들을 믿으세요.

지방의회가 할 일

지방의회는 교육청을 견제할 수 있다?

교육위원회가 사라진 지금(제주도만 있음),

지방의회는 사실상 교육청을 감시하기 어렵습니다.

전문성이 부족하기 때문입니다.

교육에 대한 전문성을 가진 의원을 선출하는 제도가 필요합니다.

교육자치와 지방자치가 활성화될수록 지방의회의 역할은 더욱 중요합니다.

거기에 걸맞은 전문성이 요구됩니다.

교육부와 교육

교육부가 달라졌다?

혹시 무엇이 달라졌는지 알고 계신 분 있나요?

교육부가 교육정책의 의사결정을 해야 한다?

현장의 문제는 현장에서 가장 먼저 해결해야 합니다.

그럼 누가 교육정책을 결정해야 할까요?

교육부 정책을 따르면 좋을 것이다?

교육부 정책이 현실에서 좋은 결과를 가져온 게 얼마나 되는지 아시나요?

교육부의 존재 이유

교육에는 전국적 표준이 있어야 한다?

전국적으로 통일성과 일관성을 갖추어야 할 것들이 몇 가지 있습니다.

이런 것들은 최소화되어야 합니다.

그래야 교육의 자주성과 다양성이 확보됩니다.

소품종 대량생산으로 물건을 찍어 내듯, 혹은 중앙집권적 교육으로의 일방향은 위험합니다.

다양화될수록 교육은 좋습니다.

통일과 표준을 지향하다 보면 획일로 갈 수도 있습니다.

지금까지의 교육은 전부 잘못되었다?

선진 사회를 좇아가는 시절에 주입식 교육은 효과적이고 필요했습니다.

앞으로 세계를 선도할 시대에는 맞지 않는 면이 있습니다.

지식만을 가르치는 것이 옳은지에 대한 성찰, 그럼 지식을 가르치는 것은 잘했는지에 대한 반성이 필요합니다.

교육부는 폐지되어야 한다?

교육부는 중앙정부에서 교육을 관장하고 있다는 것, 교육부 자체를 위해 존재하는 것 외에는 그 효용성을 다했습니다.

그렇다고 폐지하기보다는 중앙 부처에서 교육에 관한 내용을 협의하는 수준으로 남겨 두어야 합니다.

교육부와 교육청, 누가 높은가?

교육부와 교육청은 같다?

현재는 교육부가 교육청 위에 존재하는 것처럼 보입니다.

거의 모든 권한이 교육부에 있습니다.

그 일부를 교육청에 위임했습니다.

그러나 법적으로는 교육부와 교육청은 수평적 관계입니다.

교육부 장관이 교육감보다 높다?

직급으로 볼 때 교육부 장관은 장관, 교육감(서울시 교육감은 장관급)은 차관급이기에 교육부 장관이 높다고 할 수 있습니다.

하지만 두 기관은 수평적 조직이기에 누가 높다고 할 수 없습니다.

또한 교육감은 주민이 직접 선출한 사람이고, 교육부 장관은 임명된 사람입니다.

교육청은 교육부가 평가해야 한다?

대등한 관계에서 누가 누구를 평가하는 것은 바람직하지 않습니다.

교육청의 평가는 교육청 스스로 해야 합니다.

그리고 지방의회에서 평가해야 합니다.

그것에 한계가 있다면 감사원과 국회가 하면 됩니다.

교육자치의 개념

교육자치는 교육감을 위한 것이다?

일시적으로 단계적으로 교육감의 권한이 강화될 수 있습니다.

학교자치를 위한 과도기적 시기에서는요.

학교자치는 교장을 위한 것이다?

과거 정부 시절에 그렇게 한 적이 있었습니다.

진정한 학교자치는 학교장 책임경영이 아닙니다.

학교 구성원이 모두 참여하여 학교 민주주의를 실현하는 것입니다.

학교자치는 교사를 위한 것이다?

교육과정에서 교사가 중요한 역할을 해야 하는 것은 분명합니다.
학교자치는 학습자들이 스스로 배울 내용과 방법을 정해
실천하는 것을 말합니다.
곧 학습자치가 되어야 합니다.

학교자치와 학습자치가 교육자치의 최종 목적이다?

시민들이 자기 삶의 자치를 이루는 것이
교육자치의 궁극적 목적입니다.
교육자치는 그러한 목적의 도구입니다.

교육부와 교육자치

교육부가 유·초·중등교육의 권한과 사무를 교육청에 넘기
고 있다?

그렇지 않아요.

일단 그럴 의지가 없어요.

교육부가 유·초·중등교육의 권한과 사무를 교육청에 넘기면
문제가 생긴다?

현재 대부분의 사무를 교육청과 학교에서 실제로 하고 있습니다.

교육청은 아직 교육자치 준비가 덜 되었다?

일정 부분은 그렇습니다.

집, 차를 사 놓아야만 결혼하는 것은 아니지요?

교육청과 학교의 교직원들은 역량 있습니다.

교육자치와 일반자치의 통합

교육자치와 일반자치는 예산과 조직 면에서 중복된다?

정부의 각 부처는 왜 있을까요?

그 많은 부서의 전문성이 요구되기 때문입니다.

전문성이 없는 예산 사용은 낭비입니다.

일반행정과 교육행정은 차이가 없다?

행정의 목적과 대상이 다르기에 그 방법과 전문성은 다를 수밖에 없습니다.

교원은 교수-학습에 전문성이 있습니다.

교육전문직은 교육정책에 대한 전문성이 있습니다.

교육행정직은 통합 행정에 전문성이 있습니다.

교원, 교육전문직원, 교육행정직원 모두는

아이 중심의 교육 철학과 교육정책에 대한 이해로 무장되어 있기에 일반행정과는 다릅니다.

5장

오해 5.

공부

학교 공부

공부가 좋다 vs 싫다

국영수만 잘하면 된다

공부가 쉽다 vs 어렵다

원래 잘해 vs 원래 못해

공부 방해 요인

학력 부진

기초학력 재개념화

미래의 문해력

참학력 vs 가짜 참학력

만든 지식 vs 만드는 지식

교과서 자유발행제, 그리고 집필 주체

BLANK SLATE

공부와 인성

공부와 집중

선행학습 vs 예습

암기의 필요성 vs 무용성

체험활동의 필요 유무

관심과 몰입

독서의 독

안전한 동화

독후감의 목적

일기, 쓸까? 볼까?

한글 교육을 언제?

학교 공부

학교 공부만으로는 부족하다?

부족합니다. 그러므로 학교 밖에서 스스로가 해야 합니다.

학교는 제시만 해 줄 뿐이지요.

공부할 때는 따로 있다?

어려서 공부를 하면 좋겠지요.

그렇지만 공부는 평생 하는 겁니다.

죽을 때까지 계속.

학교에서는 공부만 해야 한다?

공부가 해야 할 주요한 일인 것은 분명합니다.

하지만 학교는 공동체입니다.

공동체가 살아가는 데 필요한 많은 것들을 배우면서 성장하는

곳입니다.

공부가 좋다 vs 싫다

아이들은 공부를 좋아한다?

그런 아이가 얼마나 될지 모르겠습니다.

있긴 있겠지요.

어른들이 원하는 공부를 좋아하는 아이가 얼마나 있을까요?

어른들은 공부를 좋아하시나요?

아이들은 배움을 싫어한다?

늘 입에 '왜?'를 달고 살았던 아이가 언제부터인지 질문을 안
합니다.

배움을 싫어하는 것이 아니라 누군가 배움을 싫어하게 만들었
습니다.

하기 싫어하는 배움만 강요한 탓입니다.

국영수만 잘하면 된다

국어를 잘해야 한다?

맞습니다.

모국어이고 사회생활을 하려면 국어를 잘해야 합니다.

그런데 국어를 잘한다는 것은 무엇일까요?

학교 성적, 수능 성적 만점을 받아도 제대로 된 토론도 못하는 아이들을 보면서 무언가 이상하다는 생각 안 드시나요?

영어를 잘해야 한다?

잘하면 좋지요.

영어도 외국어 가운데 하나입니다.

물론 중요한 외국어이지요.

인공지능 시대가 오면 자동번역기가 나올 겁니다.

영어보다도 영어권 사람들의 문화를 배우는 데 중점을 두어야 합니다.

수학을 잘해야 한다?

잘하면 좋지요.

모든 아이들이 수학을 힘들어합니다.

수학 교과의 내용, 교수법, 학습 방법, 평가 방식 등 총체적인 문제가 있습니다.

모든 아이들이 수학을 잘할 필요는 없습니다.

수학을 못해도 잘 살 수 있는 나라가 좋습니다.

국·영·수를 못해도 행복하게 살 수 있는 나라가 교육력을 가진 나라입니다.

공부가 쉽다 vs 어렵다

공부가 제일 쉽다?

정말 그렇게 생각하시나요?

혹시 쉬운 공부만 하신 것은 아닌지요?

쉽다고 생각하시면 책상에서 책을 한 시간만 읽어 보세요.

공부가 제일 어렵다?

밖에 나가서 육체노동을 해 보세요.

감정노동도요.

그리고 다시 책상 앞에 앉아서 책을 읽어 보세요.

원래 잘해 vs 원래 못해

재는 원래 공부를 잘해?

원래가 언제부터였는지는 모르지만 처음부터 공부를 잘하는 아이는 없습니다.

초·중·고 시절의 공부는 대부분 관심에서 옵니다.

관심을 가지는 순간, 실력은 자신에게 옮겨 옵니다.

난 원래 공부를 못해?

아닙니다.

자신감을 가지세요.

자신에 대한 믿음이 공부의 시작입니다.

공부 방해 요인

외모에 신경 쓰면 공부에 소홀하다?

얼굴에 대한 자신감으로 공부도 잘할 수 있습니다.

남녀노소를 막론하고 외모 욕망은 누구나 있습니다.

화장 공부를 잘할 수 있습니다.

머리 짧은 아이는 모두 공부를 잘하나요?

화장을 하는 아이는 모두 문제가 있나요?

그렇게 보는 우리의 시선이 문제는 아닌가요?

수다를 떨면 공부가 안된다?

내가 수다를 떨면 다른 사람한테는 방해가 되니까 안 됩니다.

그런데 대화를 통한 공부 방법이 아이한테 맞을 수도 있습니다.

자신이 알고 있는 내용을 자신의 언어로 전달하는 방법, 수다.

학력 부진

학력 부족은 개인의 탓이다?

개인의 능력보다는 부모와 사회적 자본이 학력을 좌지우지하는
경우가 많아집니다.

그렇다면 국가의 탓이 가장 클 겁니다.

공부에 관심이 없는 아이들도 있지요.

왜 없을까요?

관심을 갖도록 해 주는 것이 교육이 아닐까요?

넌 그것도 모르냐?

모르는 것을 배우는 것이 공부이고, 학교에 다니는 이유입니다.

학력 부진은 학교에서 해결할 수 있다?

그랬으면 좋겠지만, 학교가 모든 것을 해결할 수는 없습니다.

학교는 교육적인 면에 중점을 둡니다.

학력 부진의 원인은 교육적인 면에만 있지 않습니다.

그래서 국가와 지역이 함께해야 합니다.

기초학력 재개념화

기초학력은 3R이면 된다?

읽기, 쓰기, 셈하기의 3R도 필요합니다.

하지만 기능 위주의 3R로는 학습의 지속성을 기대하기 어렵습니다.

미래 사회에서는 새로운 학력이 필요합니다.

그 기반에는 기초학습역량이 있습니다.

인지역량, 사회·정서적 역량이 요구됩니다.

초기 문해력, 학습에 대한 관심, 학습하는 방법이 필요합니다.

미래의 문해력

미디어 문해력

미디어에 대한 지식을 알고, 비판적으로 바라보며 활용할 수 있
는 능력.

코딩 문해력

코딩에 대한 지식을 알고, 활용할 수 있는 능력.

기술이 아닙니다.
철학과 사고력이 필요합니다.

참학력 vs 가짜 참학력

새로운 학력이 필요하다?

학력은 개념화될 때부터 새 학력이 필요했습니다.

현실에서 멀어지는 아이들의 모습을 볼 때

지식 위주의 주입식 교육은 아니라고 할 때

최소한 지금의 수업 방식으로는 더 이상 안 된다고 할 때가 신학력이 필요한 시점입니다.

가짜 참학력이 있다?

학력에는 가짜와 진짜가 없습니다.

다만 참학력에는 있습니다.

모든 공문에 참학력이라고 써 놓는 것.

말로만 참학력이라고 하고,

이전과 다르지 않은 것은 가짜 참학력입니다.

만든 지식 vs 만드는 지식

공부는 과거의 지식을 배우는 것이다?

과거의 지식도 배우지요.

지식은 누구에 의해 만들어진 것이고,

누구에 의해 합의된 것이고,

누구에 의해 배우기를 강요받은 것입니다.

지식은 지식인이 만든다?

우리는 누군가 만들고, 누군가 인정한 지식을 익히고 배웁니다.

지식은 누구나 만들 수 있고, 누구나 적용할 수 있고,

누구나 배울 수 있는 것입니다.

그럼 누가 만들어야 하지요?

학교에서 교사와 학생이 만듭니다.

기존의 지식만을 배우는 것이 아니라 지식을 학교에서 만들어

함께 실천합니다.

교과서 자유발행제, 그리고 집필 주체

교과서가 없으면 수업이 안 된다?

세계에서 국정교과서를 사용하는 나라는 다섯 손가락이 안 됩니다.

대부분의 나라에는 교과서가 없습니다.

고등학교 학생들에게 물어보세요, 교과서를 얼마나 사용하나.

교과서 주 집필진은 교수들이다.

이건 오해가 아니라 문제입니다.

교과서가 나날이 어려워지는 이유,

교수들, 학자들과 같은 이론 전문가들만의 교과서이기 때문입니다.

BLANK SLATE*

학습은 선천적 요인이 후천적 요인보다 더 강하다?

인간 능력에 대해 유전적 요인과 개인 노력 요인에 대한 논쟁은 끊임없이 계속되고 있습니다.

저는 이렇게 정리했습니다.

사람마다 다르지만 대부분은 선천적 요인 51 대 후천적 요인 49 입니다.

---

* 빈 서판 이론. 백지상태. 인간은 어떠한 선천적 관념도 지니지 않은 상태로 태어나며, 출생 이후에 지각이라는 경험에 의해 지적 능력이 형성된다는 주장.

공부와 인성

공부를 잘하면 인성도 좋다?

그랬으면 좋겠습니다.

인성도 역량입니다.

학생은 공부만 하면 된다?

공부를 잘하면 좋지요.

공부가 인생의 전부인가요?

공부를 잘하는 것과 함께 인성도 요구하지요?

결국 완벽한 인간을 원하시지요?

그런데 공부만 하고 살아갈 수 있나요?

공부는 평생 하는 거 아닌가요?

공부와 집중

공부 시간이 많아야 좋다?

오래 앉아 있으면 좋다?

문제는 집중력입니다.

짧은 시간이라도 효율성 있어야 합니다.

오래 앉아 있으면 각종 질병에 시달립니다.

차라리 노는 게 더 낫습니다.

그러면 학습 시간에 집중력이 높아집니다.

오랜 집중력을 원하면 배움에 관심과 몰입이 필요합니다.

선행학습 vs 예습

선행학습은 효과가 있다?

예습이라는 관점에서 보면 그런 학생도 있을 수 있습니다.

먼저 배우고 이해가 안 가는 부분을 선생님께 다시 배우는 방법
이라면요.

이미 배웠다고 정작 수업 시간에는 등한시하거나

미리 배울 때 이해 안 가는 부분이 수업 후에도 여전히 이해가
되지 않거나,

선행으로 배운 것이 온전하지 않을 때는 오히려 독이 됩니다.

공교육 정상화를 위한 선행학습 금지법은 효과가 있다?

선행학습이 주로 이루어지는 곳은 학원입니다.

학원에는 적용되지 않고 학교에만 적용됩니다.

그런데 말입니다.

학교에서의 예습이 정말 문제일까요?

진도 중심에서 벗어나면 문제는 해결됩니다.

학교 선생님들께서 아이들의 학습 속도에 맞게 가르쳐 주시면 됩니다.

암기의 필요성 vs 무용성

미래 사회에는 암기가 필요 없다?

가장 기본적인 개념들에 대한 암기는 반드시 필요합니다.

효과적인 정보 검색을 위해서라도 지식 암기는 유용합니다.

다만, 이것은 생각해 봅시다.

우리의 교육이 암기 위주로 된 것은 아닌지,

필수적인 암기 내용은 잘 암기시켰는지요.

암기 과목 때문에 힘들다?

암기 과목이 따로 있지 않습니다.

모든 교과에는 필수적으로 암기해야 할 내용이 있습니다.

물론 그 필수 내용이 많을 수는 있습니다.

필수 내용을 지식이라고 할 때 지식은 누가 어떻게 만드는 것인지, 이에 대한 고민이 요구됩니다.

앞으로의 지식은 찾는 것도 중요하지만 만드는 것이 더 중요합니다.

지식 찾기는 인터넷이 있으니까요.

체험활동의 필요 유무

체험활동은 좋은 것이다?

모든 체험은 범죄를 빼고는 안전한 상황에서 매우 필요합니다.

어떤 체험을 하느냐도 중요하지만 체험을 통해 무엇을 배우느냐가 더욱 중요합니다.

일시적 체험에 대한 환상적인 생각은 도움이 안 됩니다.

한번 체험하고 마는 일시적 체험도 도움이 되겠지 하는 생각은 실제로는 아이에게 별로 도움이 안 됩니다.

창의적 체험활동은 창의적이다?

온갖 법으로 정해지는 교육과정 속 체험활동은 학교 교육과정을 거의 마비시키고 있습니다.

물론 성교육, 안전교육, 법교육, 경제교육, 통일교육 등등은 정말로 필요하지요.

그것은 따로 시간을 내어 할 것이 아니라 수업 시간 내에서 해결하면 됩니다.

관심과 몰입

모든 일의 시작은 관심입니다.

공부도 마찬가지입니다.

하고 싶은 공부를 하게 되면 관심이 늘어납니다.

중간에 어려움이 생겨도 이겨 낼 수 있습니다.

관심을 깊게 가지면 몰입이 됩니다.

몰입하게 되면 공부가 즐겁습니다.

경험이 없는 사람들은 모르겠지만,

몰입은 느린 학습일 수 있습니다.

느리고 더디더라도 지속할 수 있는 힘이 바로 몰입입니다.

배우고자 하는 이들에게 우리가 할 수 있는 건 관심과 몰입을

하게끔 도와주는 겁니다.

독서의 독

독서는 무조건 좋다?

독(獨)한 독(讀)은 독(毒)이 됩니다.

책은 꼭 함께 읽고 이야기해야 합니다.

책은 많이 읽을수록 좋다?

책을 많이 읽는다고 무조건 의미 있지는 않습니다.

어떤 책을 읽느냐도 중요하고, 언제 읽느냐도 중요합니다.

자신의 생각을 편향적으로 만드는 책은 많이 읽을수록 위험합니다.

한 권의 책이라도 생각을 많이 하고,

나와 다른 점을 고민하는 것이 필요합니다.

안전한 동화

아이에게 동화는 유익하다?

동·서양의 대부분의 전래동화는 아쉽게도 아이에게 해가 더 많습니다.

그 잔혹함에 어른이 읽어도 식겁하는 경우가 많습니다.

아이에게 맞는 동화가 필요합니다.

어린아이가 상상했을 때 문제가 없고,

글자 수도 적당하고,

그림도 따뜻하고,

반복해서 읽기 편리한 책을 권합니다.

독후감의 목적

독후감을 꼭 써야 한다?

독후감을 쓰는 이유는 책을 잘 읽기 위함입니다.

독후감을 쓰기 싫어 책을 안 읽는다면 교각살우입니다.

쓰면 좋지만 꼭 쓰지 않아도 됩니다.

독후 활동을 꼭 해야 하나요?

독후감을 꼭 안 쓰면 어떻습니까?

다른 방법으로 하면 되지요.

독후감은 줄거리 쓰기다? 많은 걸 느꼈다?

독후감은 독서 후 느낀 점을 쓰는 겁니다.

줄거리는 아무리 많이 써도 소용없습니다.

학생들 독후감을 보면 원고지 아홉 장은 줄거리를,

마지막 장에는 한 줄로 많은 걸 느꼈다고 합니다.

책을 읽고 느낀 '많은 걸' 많이 써 봅시다.

일기, 쓸까? 볼까?

매일 일기를 써야 한다?

쓰기는 자아 성찰이나 치유, 생각의 정리와 확장 등 거의 모든 면에서 중요한 배움입니다.

그러나 강요해서는 안 됩니다.

강요하는 어른들은 매일 쓰기를 하시나요?

국어에서 가장 어려운 쓰기는 쓰고 싶을 때 쓸 수 있어야 합니다.

쓰고 싶게 하는 것, 그때 쓸 수 있게 해 주는 것이 쓰기 교육입니다.

일기는 보여 주기 위한 것이다?

일기는 자기 자신에게 보여 주는 겁니다.

일기 검사는 나쁜 겁니다.

부모라도 아이의 동의 없이 일기를 보아서는 안 됩니다.

한글 교육은 언제?

한글 교육은 초등학교 들어가기 전에 끝내야 한다?

단순히 한글을 익히는 것이 아니라 문해력을 지속적으로 키우기 위해서는 조급하게 생각하면 안 됩니다.

초등학교 저학년 때 책 읽기를 좋아했던 아이들이 고학년이 되면 책을 멀리하더니 중학생이 되면 아예 안 봅니다.

한글 교육이 읽기의 즐거움으로 이어져야 합니다.

엄마 아빠가 책을 읽어 주는 시기는 한글을 익히기 전까지다?

한글을 읽을 수 있게 되면 엄마 아빠가 책을 읽어 주지 않아도 된다?

한글을 읽을 수 있게 되면 혼자 책을 읽어도 좋다?

아이가 아빠 엄마와 함께하는 시간은 늘 부족합니다.

아빠 엄마의 따뜻한 목소리와 관심이 필요합니다.

아이는 책을 귀로 듣는 동안 상상의 나래를 폅니다.

한글을 해득해서 책을 읽을 줄 알아도

최소한 초등학교 졸업할 때까지 읽어 주세요.

6장

오해 6.
평가

평가, 그 자체로 불공정
문항해결 〈 문제해결 〈 문제발견
평가의 목적
시험 문제 누가 내야 할까?
시험 문제, 어떻게 출제해야 할까?
선택형 문항 vs 서술형 문항
수행평가와 과정 평가
학교 단위 시험과 전국 단위 시험
시험 보는 날
시험 치르는 요령
시험과 꼴찌
IB 도입 vs 반대

평가, 그 자체로 불공정

상대 평가가 절대 평가보다 공정하다?

평가는 늘 불공정합니다.

어느 것이 조금 덜 불공정하냐의 문제지요.

상대 평가는 평가 결과를 경쟁에 활용할 때 덜 불공정합니다.

절대 평가는 평가의 목적에 부합할 때 덜 불공정합니다.

이 상황이 바뀌거나 평가 결과 활용만을 고집하면 상대 평가의 불공정성이 강화됩니다.

아이들에게는 발달에 맞는 평가가 가장 덜 불공정합니다.

수능이 학종보다 더 공정하다?

수능과 학종,

둘 다 불공정합니다.

찍어서 맞힌 것인지 알아서 맞힌 것인지 알 수 없는,

단지 하나의 정답만을 강요받는,

일부분을 알고 있어도 틀린 것으로 인정하는,

무엇을 알고, 무엇을 모르고 있는지 알 수 없는,

문항 풀이 기술을 측정하는,

전국 단위의 선택형 문항인 수능이 더 불공정합니다.

문항해결 < 문제해결 < 문제발견

아이들이 키워야 할 능력은 문제해결능력이다?

학교 시험이나 전국 단위에서 주로 요구되는 능력은 문항해결능력입니다.

그것보다는 문제해결능력이 더 중요하지요.

하지만 미래 사회에서는 문제발견능력이 더 필요합니다.

인공지능이 할 수 없는 능력이니까요.

평가의 목적

시험은 선발을 위한 것이다?

선생님의 교수 방법을 향상시키기 위한 것이다?

아이들이 어느 정도 배웠는지 알기 위한 것이다?

부모님이 아이들의 실력을 확인하기 위한 것이다?

다 맞습니다.

그러나 평가의 가장 우선의 목적은 아이들의 배움과 성장 그 자
체입니다.

시험 문제 누가 내야 할까?

평가는 교사가 해야 한다?

반만 맞습니다.

아이가 자기 평가를 먼저 하고요,

동료 평가를 하고요,

그리고 교사가 평가를 합니다.

시험 문제는 교사 혼자 내야 한다?

아이들과 함께 내야죠.

시험은 반드시 교사들이 공동으로 출제해야 한다?

자신이 가르친 학생을 자신의 방법으로 평가하는 것이 옳지 않
은가요?

다만, 학생들과는 협의해야겠지요?

시험 문제, 어떻게 출제해야 할까?

시험 문제는 어렵게 출제해야 한다?

누구를 위해서 어렵게 내야 하나요?

시험은 변별이 목적이 아닙니다.

학생이 성취 목표에 도달하지 못한 책임은 주로 선생님이 져야 합니다.

어려운 시험, 선생님도 틀릴 수 있습니다.

시험은 중심적인 것을 물어야 한다?

맞습니다.

주변에 있는 것보다 학습 목표에 도달하는 내용을 출제해야 합니다.

이전에 출제한 것은 내면 안 된다?

최근 몇 년 동안 똑같은 문항을 출제하면 안 됩니다.

문항의 답을 외워 버립니다.

중요한 것은 여전히 중요합니다.

다른 형태로 출제해야지요.

중요한 것을 묻되, 똑같으면 안 됩니다.

그러니 교사에게 더 많은 자율권을 주어야 합니다.

선택형 문항 vs 서술형 문항

선택형 문항이 더 공정하다?

중요한 것은 선택지로 제시하기 어렵습니다.

학습자가 무얼 알고, 무얼 모르는지 측정하기 어렵습니다.

다섯 개 중에 하나만이 정답인지 확신할 수 없습니다.

가장 큰 문제는 학습자의 성취도를 파악할 수 없습니다.

선택형 문항은 필요 없다?

선택형 문항을 읽는 것만으로도 학습이 됩니다.

선택형 문항에 적합한 학습자가 있습니다.

낮은 수준의 문항은 선택형 문항이 좋습니다.

서술형 문항은 불공정하다?

선택형 문항과 서술형 문항 둘 다 불공정합니다.

문항으로 능력이나 역량을 측정하는 것 자체에 한계가 있기 때문입니다.

서술형 문항이 원칙적으로는 덜 불공정합니다.

교사의 고도의 전문성에 의한 판단으로 한 측정이기 때문입니다.

보이지 않는, 측정할 수 없는 역량이 더 중요할 수 있습니다.

수행평가와 과정 평가

수행평가만 옳다?

수행평가도 평가의 한 종류에 불과합니다.

수행평가에만 의존하는 것도 그리 바람직하지 않습니다.

수행평가는 기존의 지필 평가가 갖는 한계를 보완하거나 극복하는 것입니다.

지필 평가도 분명 장점이 있습니다.

수행평가는 수행하는 과정에 중점을 두는 것입니다.

모든 수업 시간에, 모든 교과 활동에 대해 수행평가를 할 수도, 할 필요도 없습니다.

수행평가는 불공정하다?

모든 평가는 불공정을 전제로 한다고 말씀드렸지요?

수행평가도 불공정합니다. 다만, 지필 평가보다는 덜 불공정합니다. 교사의 전문성을 믿기 때문입니다.

과정 중심으로 평가해야 한다?

결과보다는 과정을 중시해야 한다는 것에 동의합니다.

그렇지만 과정만 중요시하는 것에는 반대합니다.

평가 결과와 그 활용에만 매몰되었던 평가에 대한 반성으로 과정 중심 평가를 도입하는 것에 찬성합니다.

과정 중심 평가가 만능이 아닙니다.

좋은 과정에 좋은 결과가 도출될 수 있도록 평가해야 합니다.

학교 단위 시험과 전국 단위 시험

학교 시험은요,

일단은 범위가 좁아요.

선생님에 따라서는 도움말도 주세요.

서술형 문항에서는 부분 점수도 얻을 수 있어요.

시험을 망쳐도 여러 번 기회가 있어요.

여러 날 보면서 다른 과목을 준비할 수 있어요.

시험 보고 나서 왜 틀렸는지 확인할 수 있어요.

전국 단위 시험은요,

하루에 시험이 끝나요.

선택형 문항으로 모르면 찍을 수 있어요.

올해 못 보면 내년에 다시 보면 돼요.

모두가 똑같은 시험 문제를 풀어요.

내 위치가 어디인지 알 수 있어요.

시험 보는 날

학교 시험은 꼭 시험 기간에 보아야 한다?
교과목마다 다르고 성취하는 학습자에 따라 달라야 합니다.
즉 진도는 아이의 성취 발달 시기에 맞춰야 합니다.

학교 시험은 지필 평가로 꼭 보아야 한다?
지필 평가의 장점도 많습니다만
모든 학생들이 지필 평가로 보는 것은 옳지 않습니다.
평가 방법은 교사와 학생이 정하는 겁니다.

학교 시험은 여러 날 보는 것이 좋다?
학생들에 따라서는 길게 보는 것이 혹은 짧게 보는 것이 좋을
수 있습니다. 이것은 주로 지필 평가에 해당됩니다.
수행평가로 과정에서 평가하면 길거나 짧은 것이 상관없습니다.
단, 평가 시기가 몰리지만 않으면요.

시험 치르는 요령

시험 전날은 푹 쉬세요. 다음 날 컨디션이 중요합니다.

전체 문항 중 쉬운 것부터 푸세요. 점수 확보가 우선입니다.

답안지를 내기 전에 다시 한 번 점검해 보세요. 마킹이 밀리면 안타깝지요.

선택형 답을 모를 때는 처음 골랐던 답을 고르세요. 그것이 맞을 가능성이 높아요.

서술형 문항은 아는 만큼 쓰세요. 백지는 점수를 얻을 수 없습니다.

1교시 시험 모두 정답이 아닌 이상 시험이 다 끝난 다음에 맞추세요. 한 개라도 틀리면 아쉬움이 남아 다음 시험에 좋지 않습니다.

시험과 꼴찌

공부를 못하면 시험에 관심이 없다?

꼴찌를 하고 싶은 사람은 없습니다.

시험 못 보고 싶은 사람도 없습니다.

시험 본 걸로 이미 고생한 겁니다.

시험을 없애면 어떨까요?

시험 치른 아이에게 해 줄 말은 어떤 걸까요?

① 잘 봤어? 몇 점 맞았어? 100점 맞은 애 많아?

② 고생했어. 푹 쉬어. 맛있는 거 먹자.

IB[*] 도입 vs 반대

IB식 평가가 한국 교육을 바꾼다?

평가를 바꾸려면 교사의 평가 역량을 먼저 바꾸어 주세요.

IB에 들어가는 비용으로 교사 연수를 해 보면 어떨까요?

IB는 무조건 나쁘다?

좋은 교육과정과 평가 방식입니다.

다만 한국에 적용하는 것이 문제입니다.

학교 스스로 도입하면 됩니다.

교육청과 교육부가 나설 필요는 없습니다.

---

* 국제 바칼로레아(International Baccalaureat). 스위스에 있는 비영리 공적 교육재단
이 운영하는 시험과 교육과정을 말함.

끊임없는 교육 사대주의

일제식 학력고사.

미국식 수능고사.

스위스(프랑스식) IB.

7장

오해 7.

교육정책

교육정책의 속도 vs 방향
대통령 공약
교육정책과 교육공동체
교육과정 거버넌스
아이들의 결정은 어디까지
학제 개편
혁신학교
맞춤형 수업
교육정책 옛것 VS 새것
자유학기제
교육 선진국 따라 하기

교육정책의 속도 vs 방향

교육정책은 속도가 아니라 방향이다?

방향이 제일 중요합니다.

속도도 중요합니다.

정책은 늘 골든 타임이 있지요.

빠를 때와 느릴 때를 구별해야 합니다.

바뀌면 안 되는 거 아시죠?

대통령 공약

대통령이 바뀌면 교육이 바뀐다?

더 안 좋게 바뀔 수 있습니다.

어떤 대통령이라고 교육개혁을 안 하고 싶겠습니까?

교육의 근본 문제는 건드리기 어려우니

자신의 정치적 입장만 개입하는 것이지요.

차라리 교육을 그냥 내버려 두는 것만큼도 못한 결과를 초래할
수 있습니다.

교육은 교사와 학생, 학부모가 바꾸는 겁니다.

교육정책과 교육공동체

교사는 교육정책은 몰라도 된다? 수업만 잘하면 된다?

교육정책은 단순히 교육행정만을 의미하지는 않습니다.

학교와 아이들, 교사는 이를 둘러싼 교육 환경과 교육정책에 좌우됩니다.

수업 속에도 수많은 교육정책이 녹아 있습니다.

행정실 직원은 학교 교육과정을 몰라도 된다?

교육행정의 전문성은 교육과정과 정책을 이해하고 수행하는 데 있습니다.

행정실 직원은 학교 교육과정을, 교육청 일반 직원은 교육정책을 누구보다 잘 알고 있어야 합니다.

학교운영위원회에 학교 행정실 직원은 참여할 필요가 없다?

행정실 직원은 학교회계를 다루고 있으니 회계를 심의하는 학교 운영위원회에 참여하면 안 된다는 논리라면, 대한민국 국민 누구든 국회의원은 될 수 없다는 것과 같습니다.

교육과정 거버넌스

교육과정은 훌륭한데 아이들 성적은 안 오른다?

교육과정을 실천하지 않는 교수들이 만들고 스스로 훌륭하다고 말합니다.

교수들 수준에서 훌륭한 교육과정은 아이들에게는 어렵기만 합니다.

아이들 성적이 오른다면 그것이 더 이상합니다.

교육과정 결정권은 누가 가져야 할까요?

이론 전문가들인 교수요? 참고하면 됩니다.

교육부 관료들이요? 교육과정을 잘 모릅니다.

교육청 교육전문직원들이요? 편제는 잘합니다.

학교 교육과정은 교무부장의 몫이다?

지금까지는 교무부장이나 교감 선생님이 하셨지요.

이제는 모든 선생님, 모든 학생, 모든 학부모가 함께 만들고 실천해 가야 합니다.

정리해 볼까요?

국가 교육과정은 교사·교수들의 의견을 참고로 대강화하여 교육부에서 만듭니다.

지역 교육과정은 국가 교육과정을 참고로 교육청에서 지역의 특색에 맞게 만듭니다.

학교 교육과정은 국가와 지역 교육과정을 참고로 학교에서 주체적으로 만듭니다.

학생 교육과정은 국가, 지역, 학교 교육과정을 참고로 학생이 자신의 발달 단계에 맞게 만듭니다.

아이들의 결정은 어디까지

교육정책은 어른이 결정해야 한다?

아이의 문제입니다.

아이들이 결정해야 합니다.

그리고 어른들은 지원해 줘야 합니다.

아이가 앞서고 어른들이 뒤따라야 합니다.

교육과정도 아이들과 함께 정하고요.

배울 내용도 아이들과 함께 정하고요.

학습 방법도 아이들과 함께 정하고요.

평가 방법도 아이들과 함께 정하고요.

교과서도 아이들과 함께 정하고요.

학교 규칙도 아이들과 함께 정하고요.

학교 예산도 아이들과 함께 정하고요.

교육청 예산도 아이들과 함께 정하고요.

학제 개편

초등학교 6년은 너무 길다?

이제는 학제 개편을 할 때입니다.

유치원을 처음학교로 받아들이고, 초등학교를 5년제, 중등 6년 제로요.

중등 5년제도 고민해 볼 만합니다.

초등학교 학령을 7세로 낮추고요.

그럼 대학을 2년 먼저 들어가겠네요.

휴, 공부하는 기간이 너무 늘어났나요?

혁신학교

혁신학교는 경기도교육청에서 처음 시작되었다?

혁신학교를 교육청 차원에서 방해하지 않고 지원한 곳은 경기도
교육청이 처음 맞습니다.

혁신학교는 그 이전부터 전국의 여러 곳에서 출발하였습니다.

혁신학교만 학교혁신을 하면 된다?

우리가 학교에 바라는 것, 이대로 가면 안 된다고 생각하는 것
들의 최소한의 교집합이 학교혁신입니다.

혁신학교에는 다양한 유형이 있다.

진짜 혁신학교: 학교 구성원 모두가 동의하여 실천하는 학교.

무늬만 혁신학교: 교장 또는 일부 교사만 동의하여 꾸려 가는 학교.

가짜 혁신학교: 특정한 사람들의 이익을 위해 혁신학교를 신청한 학교.

혁신학교에 가면 성적이 떨어진다?

예전 학력으로의 성적은 떨어질 수 있습니다.

그 성적으로는 삶에서 뒤떨어질 수 있습니다.

아이가 원하는 세상으로 떨어질 수 있습니다.

아이가 행복한 세상으로 떨어질 수 있습니다.

조심하세요, 그걸 원하지 않는 부모님들은.

맞춤형 수업

1:1 맞춤형 수업이 필요하다?

누가 누구한테 맞추는지 모르겠습니다.

학생의 성장과 발달에 맞는 수업이 필요하다는 것으로 이해합
니다.

개별화 수업입니다.

1:1 수업은 불가능하다?

현재의 교육 환경으로는 무척 어렵습니다.

진도 중심, 입시 중심에서 벗어난다면 가능합니다.

학급당 학생 수도 현격히 줄이고요.

당신의 자녀도 최고의 환경에서 교육받을 권리가 있습니다.

국가의 지원으로요.

교육정책 옛것 VS 새것

과거의 것이 좋다?

새것이 좋다?

교육공무원들이 둘 다 하려니 업무가 많아지는 겁니다.

과감하게 정리해야 합니다.

어려우시다고요?

혼자 하려니까 힘든 겁니다.

보고서와 논문 같은 문헌을 같이 검토하고

옛것과 새것을 비교 분석하고

여러 선임자들의 의견도 들어 보고

관련한 사람들의 생각도 들어 보고

다양한 전문가들의 판단도 들어 보고 결정하면 됩니다.

교육정책은 혼자가 아니라 여럿이 함께하는 겁니다.

자유학기제

자유학기제가 성적을 떨어뜨린다?

과거의 교육 방식에서는 성적이 떨어질지도 모릅니다.

아니 정확히 말하자면 떨어졌는지 알 수 없습니다.

그래서 학부모들은 불안하다고 아이를 학원에 보냅니다.

선생님들이 자신들의 수업을 바꾸고, 아이들은 수업에 관심을
갖기 시작했습니다.

자신이 하고 싶은, 배우고 싶은 것을 몰입해서 배우고 있습니다.

이전 어른들이 원하는 성적은 떨어질지 모르지만

아이들이 배우고 싶은 역량은 커지고 있습니다.

자유학기제는 중학교 1학년이 가장 적합하다?

설문 조사 결과 그렇게 나왔습니다.

하지만 수업 혁신과 평가 혁신, 아이들의 역량 향상을 위해서는,

중학교 전 학년과 고등학교 1학년까지 4년 동안을 자유학년제로 하는 것이 좋다고 생각합니다.

초등학교 6학년 이후 힘들어하는,

중학교 3학년 이후 적응하지 못하는 많은 아이들을 위해 필요한 교육과정입니다.

교육 선진국 따라 하기

미국은 교육 선진국이다?

다른 것은 몰라도 교육과 의료 제도는 한국이 더 선진국입니다.

핀란드를 닮아 가면 교육 선진국이 될 수 있다?

핀란드와 우리는 역사, 지형, 인구수, 문화가 다릅니다.

좋은 아이디어는 받아 옵시다.

아이디어만.

8장

오해 8.
교육 일반

대한민국 교육의 목표

교육의 독립성

교육의 중립성

학교, 교실의 민주성

사립학교의 자율성

헌법과 교육

교육과 법률

교육 만능 vs 학교 만능

감성교육과 이성교육

영재교육

특수교육

노동교육이 없는 학교

미래교육에 대한 투자 확대 vs 축소

미래교육과 4차 산업혁명

진로와 꿈

고입과 대입

자사고와 특목고

고교 평준화와 대학 평준화

좋은 대학

진보교육 vs 보수교육

교육 약자 vs 교육 수요자 vs 교육 수혜자

창의의 개념

중심 이동

경쟁 vs 협력

학생 중심이란

외적 보상 vs 내적 동기

사랑의 매 vs 폭력

논리의 폭력

학교 폭력과 법

거꾸로 연수

잡무, 무엇에 쓰는 단어인고?

스마트폰 사용법

학원의 목적

교육 속담

대한민국 교육의 목표

우리 교육의 목표는 민주시민 육성이다?

맞습니다.

가장 본질적인 것입니다.

매일 잊고 살지만요.

교육의 독립성

교육의 독립성은 훼손되지 않았다?

이미 오염되었습니다.

정권과 정당은 교육정책과 입법을 통해, 기업과 종교단체는 사학 운영을 통해 자신들의 생각을 교육에 강력하게 반영시켰습니다.

교육은 독립적이다?

학습자가 배움에 충실할 수 있도록 다른 영역으로부터 자유로 워야 한다는 것입니다.

정치, 경제, 문화, 종교, 사상 등으로부터 학습자가 약자가 되지 않도록 보호해 주어야 한다는 것이지요.

그것은 국가, 교육청, 어른들이 반드시 해야 할 일입니다.

그래서 헌법에서 보장하고 있지요.

교육의 중립성

교사는 정치적 중립을 지켜야 한다?

모든 것은 정치적이고, 교사도 거기서 벗어날 수 없습니다.

또한 교사도 대한민국의 주권자이기에 정치에 관심을 가질 수 있습니다.

아니 정치에 참여해야 합니다.

다만, 수업 시간에 자신의 정치적 견해를 전달하는 것은 반드시 금해야 합니다.

학생들이 받아들일 가능성이 높기 때문만이 아닙니다.

수업이라는 공간은 교사의 정치적 견해를 표현하는 곳이 아니기 때문입니다. 수업 외의 공간에서는 얼마든지 자신의 정치적 견해를 표명할 수 있도록 보장해야 합니다.

학교, 교실의 민주성

학교는 비민주적이지만 선생님들은 민주적이다?

안타깝게도 선생님들도 민주를 학교에서나 사회에서나 배워 본 적이 없습니다.

학생과 함께 실천하면서 배웁니다.

학교는 수평적 조직이다?

학생들도 그렇게 생각할까요?

학교에 계신 비정규직분들도 그렇게 생각할까요?

교장 선생님도 그렇게 생각할까요?

사립학교의 자율성

사립학교는 자율성이 우선이다?

사립학교의 자율성은 보장되어야 합니다.

사회를 위해 자신의 재산을 헌납하고, 학교를 위해 평생을 봉사하시는 분들이 지닌 교육적 철학과 학교 운영 방식을 존중하는 것은 의미 있는 일입니다.

하지만 그것이 교육의 공공성을 넘어서는 안 됩니다.

사립학교의 자율성과 공공성은 양가 대립적 개념도 아니고 선후 관계에 있지도 않습니다.

공공성의 범주 내에서의 자율성이 작동하는 것이고, 자율성도 공공성을 지향해야 합니다.

종교 재단은 교육과정 운영을 자율화해야 한다?

종교 재단이 설립한 학교뿐만 아니라

모든 학교의 교육과정은 자율적으로 운영해야 합니다.

다만, 종교를 강요해서는 안 됩니다.

그 어떤 누구도 개인에게 종교를 강요할 권리를 가지고 있지 않

습니다.

강요하는 순간 그것은 폭력입니다.

헌법과 교육

헌법에 교육의 민주성이 보장되어 있다?

교육의 자주성은 헌법 제31조에 나와 있습니다.

하지만 교육의 민주화는 제시되어 있지 않습니다.

포르투갈, 멕시코 등의 나라처럼 분명하게 명시되어 있는 것과는 차이가 있습니다.

개헌할 때 꼭 반영해야겠습니다.

학교 교칙은 교육상 문제가 안 되면 합법적이다?

교칙보다 높은 게 조례, 조례보다 높은 게 법률, 법률보다 높은 게 헌법입니다.

아무리 교육적이라고 해도 헌법을 넘을 수는 없습니다.

헌법은 주권자 모두에게 평등해야 합니다.

현행 헌법에 교육자치가 제시되어 있다?

부분적으로는 나와 있지만 유·초·중등교육에 관한 사무가 지방교육정부에 있다는 것을 명시하고 있지는 않습니다.

스위스 헌법처럼 명확하게 나타나 있는 것과는 차이가 있습니다.

개헌할 때 꼭 반영해야겠습니다.

교육과 법률

교육과정은 법으로 정해져 있다?

현재 교육과정은 교육부 고시로 나타냅니다.

교육과정에 관한 법률이 없는 관계로 학교는 다른 법률에 의해 몸살이 납니다.

법이 있어야 정책을 뒷받침한다?

법 없이도 교육은 잘할 수 있습니다.

법으로 교육을 강제하는 순간 교육은 배움에서 멀어집니다.

대표적인 예가 인성교육진흥법입니다.

국회, 교육부, 중앙 부처, 교육청, 지방의회에서 만드는 각종 법률과 규정, 지침 때문에 학교는 교육과정 중심으로 운영할 수 없습니다.

법률 만드시는 분들, 제발 게을러 주세요.

교육 만능 vs 학교 만능

교육은 만능이다?

교육만으로 미래의 일자리를 만들 수 없습니다.

교육만으로 소득 불균형을 해결할 수 없습니다.

교육만으로 외침을 막을 수 없습니다.

교육으로는 자신의 성장과 발달을 할 수 있습니다.

학교는 만능이다?

학교는 보육하는 곳도,

돌봄하는 곳도,

행정하는 곳도 아닙니다.

배우면서 성장하는 곳입니다.

감성교육과 이성교육

감성과 이성은 별개다?

그럴 수가 있나요?

사람이 이성만으로, 혹은 감성만으로 판단하고 살아갈 수 있나요?

여태껏 이성교육만 주로 해 왔습니다.

이성교육도 제대로 되었는지는 모르지만.

감성교육이 절실해지는 요즘,

학교에서 이 둘 다 중요하게 배웠으면 합니다.

감성교육과 이성교육은 하나입니다.

영재교육

수월성이란 영재교육이다?
집단 내에서의 수월이 아닌,
개인의 역량 내에서의 수월이 진정한 수월입니다.

영재학교가 필요하다?
학교 교육과정이 다양해지면 영재학교가 필요 없습니다.
영재도 사람들과 어울려 살아가야 합니다.

영재한테 가장 필요한 것은?
멘토입니다.
멘토 없는 영재는 없습니다.

특수교육

특수학교가 우리 동네에 들어오면 안 된다?

집값이 떨어진다고요?

집값이 우리 아이들보다 중요한가요?

특수학교가 설립되어도 집값에 변동이 없는 사회가 선진 사회입니다.

특수학교, 학교입니다.

장애인들이 편하게 교육을 받아야 한다?

장애인들이 학습을 편리하게 받으면

비장애인들은 더 편하게 학습을 받을 수 있습니다.

언제든, 누구든 장애를 가질 수 있습니다.

일시적이든, 반영구적이든, 영구적이든요.

그보다도 장애인이나 비장애인이나 다 같이 잘 살 수 있는 사회를 만드는 것이 우리 교육의 목적이기도 합니다.

노동교육이 없는 학교

경제교육은 창업교육이다?

학교를 졸업하는 아이들의 대부분은 노동자로 살아갈 겁니다.

안타깝긴 하지만 절반은 비정규직 노동자로 살아갈 겁니다.

그런데도 학교에서는 경영자 중심의 경제교육만 합니다.

자영업자로 살아갈 아이들을 위해 경영교육도 필요합니다.

노동교육도 필요합니다.

미래교육에 대한 투자 확대 VS 축소

학령 인구가 줄어드니 교사 인원도 줄여야 한다?

지금이 교사를 늘리는 가장 적기입니다.

교육 현장 문제의 대부분을 해결하는 방안이 교사 충원입니다.

학생당 실제 수업을 하는 교사의 인원이 절대적으로 모자랍니다.

자유학기제, 고교학점제, 고교체제 개편 등의 실시에는 많은 교사가 필요합니다.

지금은 조그마한 노력으로 교사를 늘릴 수 있는 좋은 기회입니다.

학생 수가 줄어드니 교육 경비도 줄여야 한다?

군인 수가 줄어든다고 국방비를 줄이지는 않습니다.

인구가 적어진다고 국가재정을 줄이지는 않습니다.

학생 수가 줄어드는 지금이 교육에 드는 비용을 늘릴 수 있는 호기입니다.

좋은 교육 환경을 만드는 데는 많은 비용이 필요합니다.

교육에 드는 비용은 현재로 충분하다?

현재와 미래를 위한 가장 확실한 투자는 교육입니다.

유치원에서 대학원까지 무상인 나라,

가장 훌륭한 나라입니다.

미래교육과 4차 산업혁명

미래 사회는 4차 산업혁명 사회다?

1/3만 맞습니다.

미래를 바라보는 시선은 세 가지가 있습니다.

자본가들이 원하는 사회,

우리가 바라는 사회,

그리고 그들과 우리의 의지와 상관없이 다가오는 사회.

학교에서 4차 산업혁명을 준비할 수 있다?

대학이라면 모르겠네요.

초·중·고는 일꾼을 만드는 곳이 아닙니다. 대학도 마찬가지입니다만. 고급 전문 인력이 필요하다는 미래 사회를 학교에서 준비할 수 없습니다.

일꾼은 기업이 만드는 겁니다.

학교는 사람을 만드는 곳입니다.

4차 산업혁명 시대에는 공부를 안 해도 된다?

공부가 사라지는 것이 아니라 배울 내용이 달라지는 겁니다.

그래도 안 변하는 것이 사람에 대한 공부입니다.

아마 4차 산업혁명 시대가 오면 더 많이 공부해야 할지 모릅니다.

늘 공부해야 합니다.

어떤 공부이냐가 문제지요.

인공지능이 생기면 공부를 안 해도 된다?

교사와 인공지능은 모두 비계를 제공합니다.

공부는 스스로 해야지요.

진로와 꿈

꿈이 있어야 한다?

왜요?

꿈이 있으면 좋겠지요.

꿈이 없어도 잘 살아갈 수 있습니다.

어른들은 지금 꿈을 꾸며 살아가나요?

꿈은 강요받는 것이 아닙니다.

진로는 한 가지로 지속해야 한다?

어느 아이는 한 가지 꿈으로 평생을 살아갈 수 있습니다.

꿈은 매번 바뀝니다.

대입에서 한 가지 진로를 선택해서 일관성 있는 활동을 하면 도움이 되었던 시절이 있었습니다.

미래 사회에서는 다양한 진로가 열려 있습니다.

지금 확정 짓지 않는다고 그리 늦지 않습니다.

진로와 진학은 같은 것이다?

진학도 진로의 하나의 길입니다.

졸업 후 모두 상급학교에 진학하는 것은 아닙니다.

고입과 대입

고등학교 진학은 명문 고등학교로 가야 한다?

당신의 자녀가 다니는 곳이 명문 고등학교입니다.

가장 좋은 학교는 아이가 원하는 학교, 그다음으로 좋은 학교는 가까운 학교, 이 둘을 합치면 원하는 학교가 다니기 편해야 합니다.

모든 이들이 만족하는 가장 좋은 방법은 좋은 학교가 전국에 고루 퍼져 있는 것입니다.

대학은 고등학교 졸업 후 바로 가야 한다?

많은 사람들이 그렇게 하지요.

대학은 왜 가지요?

하고 싶은 공부를 더 하려요.

지금 더 할 공부가 없다면?

안 가거나 나중에 가야지요.

자사고와 특목고

자사고가 필요하다?

공부 잘하는 아이들이 몰려 있는 곳이 아닌,

돈 많은 학부모들이 있는 곳이 아닌,

우리 모두의 아이들에게 교육 기회가 평등한 곳이 학교였으면 좋겠습니다.

좋은 환경, 좋은 선생님, 교육과정의 자율성은 모든 학교에 필요한 겁니다.

특목고가 필요하다?

외고 나온 아이들은 주로 법대,

과학고 나온 아이들은 주로 의대,

특별하게 평범한 우리 아이들이 가는 곳은 어디인가요?

고교 평준화와 대학 평준화

고교 평준화는 성적 하향화다?

여쭙고 싶습니다. 귀댁의 자녀의 성적은 어떠한가요?

중학교 성적 하위권은 들어가기 어려우니 일반계 고등학교 평준화에 관심이 없습니다.

중학교 성적 최상위권은 자사고나 특목고에 가기에 역시 관심이 적습니다.

중학교 성적 중위권이나 중상위권 해당 학생들이 고민하겠군요.

이 학생들이 소위 일류 고등학교에 가면 내신이 어려울 겁니다.

이 학생들이 소위 기피하는 고등학교에 가면 내신은 오를지 모르나 고교 서열화에 따른 불이익을 받을 겁니다.

물론 내신이 오른다는 보장이 전제이지만요.

고등학교 생활도 여럿이 모여 살아갑니다.

그러다 보면 성적도 오릅니다.

대학 평준화는 불가능하다?

이미 프랑스에서 실시하고 있습니다.

모든 대학을 적용하기 어렵다면 국립대학부터 하면 어떨까요?

대입제도의 개선 없이 우리나라의 교육개혁이 어렵다는 건 다 알고 계시죠?

좋은 대학

좋은 대학이란?

자신이 원하는 대학이 가장 좋은 대학입니다.

그리고 가까운 대학입니다.

자신이 원하는 대학이 가까이 있었으면 좋겠습니다.

대학도 평준화를.

좋은 대학에 가면 행복할 거다?

좋은 대학은 중도탈락률이 높은 거 아세요?

좋은 대학 나오고도 원하는 직업을 갖지 못하는 사람이 많은 거 아세요?

좋은 대학에 가서 더 힘든 거 아세요?

좋은 대학을 나와야 행복할 것이다?

소위 스카이 대학을 나오는 사람들이 얼마나 될까요?

그 나머지 사람들은 다 불행할까요?

스카이 대학을 졸업한 사람들은 전부 행복할까요?

당신들은 어떠한가요?

스카이 대학을 못 나와서 지금 불행하신가요?

진보교육 vs 보수교육

보수적 교육정책은 늘 옳거나 또는 늘 그르다?

진보적 교육정책은 늘 옳거나 혹은 늘 그르다?

아이들을 위한 새로운 시도를 주저하지 말아야 합니다.

교육에는 진보도 보수도 없습니다.

아이들에 대한 사랑만 있습니다.

생각의 중심에 누가 있느냐가 있습니다.

교육 약자 vs 교육 수요자 vs 교육 수혜자

교육은 수요자 부담이 원칙이다?

교육의 혜택은 학생 개개인이 받습니다.

학생 개개인의 혜택의 끝은 누가 볼까요?

국가입니다.

그래서 교육의 최종 수혜자인 국가가 학습 비용을 부담합니다.

무상교육의 다른 이름인 '공적 부담'이 모든 학습자에게 이루어 질 때 우리는 그것을 교육복지라 부릅니다.

교육 약자가 우대받아야 한다?

자사고, 특목고, 영재학교와 반대되는 학교는 무얼까요?

교육 강자와 반대되는 아이들이 다니는 학교입니다.

부모님이 안 계셔도,

집안 형편이 어려워도,

학습능력이 좋지 않아도

배우는 데 기쁜 학교, 누구나 평등한 학교를 꿈꿉니다.

반값 등록금이 필요하다?

대학도 무상교육-공적 부담-이 되었으면 좋겠습니다.

교육에 대한 국가의 무한 책임.

살기 좋은 대한민국!

창의의 개념

창의는 모든 것이 새로워야 한다?
하늘 아래 뚝 떨어진 것은 없습니다.
땅 위에는 늘 새로운 것도 없습니다.
자신의 어제와 다르거나,
옆 사람과 다르거나,
상식과 다르면 창의입니다.

중심 이동

국가 중심에서 기업 중심으로,

기업 중심에서 학교 중심으로,

교사 중심에서 학생 중심으로,

교육부 중심에서 교육청 중심으로,

교육청 중심에서 학교 중심으로,

어른 중심에서 아이 중심으로,

교수 중심에서 배움 중심으로,

이론 중심에서 현장 중심으로,

이 모든 것에서 탈중심으로.

경쟁 vs 협력

경쟁이 협력보다 낫다?

공부를 제일 잘하는 아이들은 왜 협력할까요?

세계 유수의 대학들은 네트워크를 통한 협력을 강조하고 있습니다.

경쟁보다 협력이 좋은 건 알지만 나 혼자는 어렵다?

여럿이 손잡고 가면 불가능한 벽은 없습니다.

우리 손을 잡고 함께 가요. 희망의 세상으로. 나부터 해 볼까요?

아이들 간에 협력이 필요한가요?

교사들 사이의 협력,

부모끼리의 협력,

교사와 부모의 협력,

교사와 학생의 협력이 먼저입니다.

선착순은 필요하다?

지시나 명령으로 복종을 유도하는 선착순은 따르는 사람에게 실제 효과는 없습니다.

선착순에 들어온 사람도 혜택은 사실상 적거나 없습니다.

원래 자신이 받아야 할 혜택이거나 받지 않아도 될 불이익일 뿐입니다.

대부분의 사람에게는 돌아오지 않을 혜택입니다.

이로 인해 포기 현상이 일어나거나 지시하는 자에게만 유리하게 되는 불공정의 문제가 발생합니다.

학생 중심이란

학생 중심으로 학교가 운영되어야 한다?

학교는 여러 공동체가 함께 살아가기에 학생만을 위한 학교 운영은 적절하지 않습니다.

다만, 지금까지 어른 중심으로 학교가 운영되었기에 한동안은 학생 중심으로 바뀌어야 균형을 이룰 수 있습니다.

학생들이 원하는 방향으로 가야 한다?

그렇게 가야 하지요.

하지만 학생들이 원하는 방향으로만 가는 것은 아니랍니다.

학생의 의견을 존중하되 교원, 학부모의 의견도 담아야 합니다.

학교를 선택할 수 있어야 한다?

고등학교 선택권은 당연히 학생들한테 있어야 합니다.

다만, 학교의 다양화보다 교과의 다양화를 통한 교과선택제가 학생들에게 더 필요합니다.

외적 보상 vs 내적 동기

외적 보상 체계가 오래갈 거다?
더 큰 보상을 계속 요구하게 됩니다.
그리고 보상이 없으면 안 움직입니다.

성적 오르면 무얼 해 줄게.
딱 거기까지만 합니다.

국가나 학부모나 결국 교사의 변화를 원하시죠?
강제적 평가나 수당과 같은 것보다 설득과 내적 동기 부여가 필요합니다.

보상보다는 동기,
학생과 교사를 믿는 데서 나옵니다.

사랑의 매 vs 폭력

사랑의 매?

사랑한다면 말로 해 주세요.

아이들의 말을 더 들어 주세요.

잘못하면 맞아야 한다?

누군가에게 맞아도 되는 잘못은 없습니다.

아이도 마찬가지입니다.

어른도 마찬가지입니다.

누군가 때린다면 당신은 그대로 맞겠습니까?

왕따는 그 이유가 있다?

가해자 입장에서만 보면 이유가 있습니다.

그 누구도 왕따를 당할 이유는 없습니다.

논리의 폭력

아이를 이해시키면 체벌도 괜찮다?

아이가 정말 이해했을까요?

그 설득에 강요는 없었을까요?

아이가 잘못은 인정했어도 체벌까지 인정했을까요?

차라리 맞는 게 낫다고 생각하지는 않았을까요?

맞아도 되는 죄가 있나요?

때리지만 않으면 폭력이 아니다?

말로 받은 상처가 더 오래갈 수 있습니다.

욕, 나와 남을 모두 아프게 합니다.

아이를 논리적, 합리적으로 설득했다?

폭력입니다.

논리를 많이 가지고 있는 교사와 학부모가 논리를 적게 가지고 있는 아이를 이해시키는 것 자체가 논리적 폭력입니다.

논리와 합리는 이미 폭력을 내재하고 있습니다.

학교 폭력과 법

학교 폭력은 변호사가 해결한다?

학교 폭력, 절대로 일어나서는 안 됩니다.

그러나 모든 폭력은 인간 사회에 존재하고 있습니다.

법으로 모든 폭력을 해결하지 못합니다.

학교 폭력은 가해자와 피해자가 서로 연동되어 있습니다.

학교 내에서 해결하는 것이 가장 좋습니다.

학교를 믿고 안 믿고의 문제는 그다음입니다.

학교에서 해결하지 못하는 폭력은 범죄인 경우입니다.

그때는 법원이 판단해야 합니다.

처음에는 장난이라고 말할지도 모릅니다.

아이들은 서로 싸워 가며 커 간다고 여길 수도 있습니다.

별것 아닌 것이 별것이 될 수 있습니다.

거꾸로 연수

학부모와 학생은 연수를 받기만 해야 한다?
학생과 학부모가 연수 강사가 되면 안 되나요?
학생이 강의하고 교사와 학부모가 듣고,
학부모가 강의하고 교사와 학생이 들어요.
연수도 학생과 학부모가 직접 기획하고 실행하면 안 될까요?

사범대·교육대 교수들은 가르치기만 해야 한다?
학교에 와서 교사들한테,
학생들한테 배워야 합니다.
그래야 교수들도 성장합니다.

잡무, 무엇에 쓰는 단어인고?

학교에서 수업을 빼고는 모두 잡무다?

누구든지 자신의 업무는 소중한 겁니다.

당신의 업무도 누구에게는 잡무가 될 수 있습니다.

잡무란 없습니다.

스마트폰 사용법

스마트폰은 만악의 근원이다?

스마트폰이 문제이긴 문제입니다.

스마트폰의 개발자도 자기 딸아이에게는 하루에 30분만 사용하라고 했다지요?

스마트폰에 텔레비전도 있고요,

비디오도 있고요,

오디오도 있고요,

사진기도 있고요,

학습기도 있습니다.

물론 게임기도 있고요.

어른들이 이러한 기기들을 각기 사용한 시간을 합치면 꽤 될 걸요.

아이들은 스마트폰만 봅니다.

학교 시험 시간에 스마트폰을 사용하면 안 된다?

학생과 선생님이 사전에 합의를 하면 사용할 수 있습니다.

지식을 암기했느냐를 묻는 문항이 아니라면 얼마든지 사용할 수 있습니다.

문항을 찾는 능력이 아닌 사고능력이나 다른 역량을 측정하고자 할 겁니다.

수학 시험 볼 때 전자계산기 사용을 제한했다가 허용한 기억이 떠오릅니다.

학원의 목적

학원에 가면 성적이 오른다?
그런 학생이 있을 수도 있습니다.

학원에 다니는 것은 나쁘다?
그런 학생이 있을 수 있습니다.
자신에게 맞는 학습 방법이 있습니다.

학원은 자녀의 공부 장소다?
맞벌이 부모를 위한 보육의 장소,
부모의 자유 시간을 위한 장소,
부모의 안심 장소,
친구들과의 만남의 장소,
새로운 문화를 배우는 장소.

교육 속담

될성부른 나무는 떡잎부터 안다?
흔들리지 않고 피는 꽃이 어디 있나요?
처음만 보고 과정과 끝을 안 보면 안 됩니다.

하나를 보면 열을 안다?
하나를 보면 하나만 알걸요?
아이의 모든 것을 안다고 착각하면 안 됩니다.

개천에서 용 난다?
우리에게 용이 꼭 필요한가요?
우리가 사는 곳을 개천이라고 생각하면 안 됩니다.

맺는 글
글쓰기는 가족에 대한 사랑을 배우는 것이다

왜 아이는 학교 공부를 잘해야 하나? 부모는 그것을 왜 좋아해야 하나?

아이가 학교 공부를 잘했으면 좋겠다는 어른들의 생각. 이것에는 아이가 공부를 잘하면 잘 살 것이라는 전제가 깔려 있습니다. 적어도 학교 공부를 잘하면 아이가 성실하다거나 최소한 나쁘게 살아가지는 않을 것이라는 막연한 기대가 있음을 부정하기 어렵습니다.

그런데 왜 잘해야 할까요? 학교 공부를 잘하면 아이는 정말 잘 살 수 있을까요? 부모는 왜 그것을 좋아해야 할까요? 너무나도 당연한 질문을 하고 있는 걸까요?

그 많던 '왜'는 어디로 갔을까요? 교육의 본질적인 것과 학교의 본질적인 것에도 '왜'를 붙여 보면 어떨까요? 당연하다고 여기는 것부터 질문을 해 봅시다. 그것이 배움의 시작은 아닐까요?

제가 질문을 던지고 제가 답을 하려다 보니 어찌 보면 교육에 대한 오해를 제가 하고 있지는 않았나 하는 생각이 계속 맴돕니다. 교육에 몸담고 있는 동안 한 번쯤은 제 생각을 정리하고 싶은 요량으로 글을 모았는데 더 혼란스러워졌습니다.

글을 쓰고 정리하는 동안 아내 영선, 큰딸 햇빛, 작은딸 새빛 미녀 삼총사가 제게 준 많은 의견과 격려를 통해 깨달았습니다. 가족이 제일 소중하구나, 그리고 가장 큰 힘을 주는구나, 가족이 왜 중요한지를 알게 해 준 과정이었습니다.

삶의 행복을 꿈꾸는 교육은 어디에서 오는가?

미래 100년을 향한 새로운 교육 · 혁신교육을 실천하는 교사들의 필독서

▶ 교육혁명을 앞당기는 배움책 이야기
혁신교육의 철학과 잉걸진 미래를 만나다!

한국교육연구네트워크 총서

 01 핀란드 교육혁명
한국교육연구네트워크 엮음 | 320쪽 | 값 15,000원

 02 일제고사를 넘어서
한국교육연구네트워크 엮음 | 284쪽 | 값 13,000원

 03 새로운 사회를 여는 교육혁명
한국교육연구네트워크 엮음 | 380쪽 | 값 17,000원

 04 교장제도 혁명
한국교육연구네트워크 엮음 | 268쪽 | 값 14,000원

 05 새로운 사회를 여는 교육자치 혁명
한국교육연구네트워크 엮음 | 312쪽 | 값 15,000원

 06 혁신학교에 대한 교육학적 성찰
한국교육연구네트워크 엮음 308쪽 | 값 15,000원

 07 진보주의 교육의 세계적 동향
한국교육연구네트워크 엮음 | 324쪽 | 값 17,000원
2018 세종도서 학술부문

 08 더 나은 세상을 위한 학교혁명
한국교육연구네트워크 엮음 | 404쪽 | 값 21,000원
2018 세종도서 교양부문

 09 비판적 실천을 위한 교육학
이윤미 외 지음 | 448쪽 | 값 23,000원

 10 마을교육공동체운동: 세계적 동향과 전망
심성보 외 지음 | 376쪽 | 값 18,000원

 혁신학교
성열관·이순철 지음 | 224쪽 | 값 12,000원

 행복한 혁신학교 만들기
초등교육과정연구모임 지음 | 264쪽 | 값 13,000원

 서울형 혁신학교 이야기
이부영 지음 | 320쪽 | 값 15,000원

 혁신교육, 철학을 만나다
브렌트 데이비스·데니스 수마라 지음
현인철·서용선 옮김 | 304쪽 | 값 15,000원

한국교육연구네트워크 번역 총서

 01 프레이리와 교육
존 엘리아스 지음 | 한국교육연구네트워크 옮김
276쪽 | 값 14,000원

 02 교육은 사회를 바꿀 수 있을까?
마이클 애플 지음 | 강희룡·김선우·박원순·이형빈 옮김
356쪽 | 값 16,000원

 03 비판적 페다고지는 세상을 변화시킬 수 있는가?
Seewha Cho 지음 | 심성보·조시화 옮김 | 280쪽 | 값 14,000원

 04 마이클 애플의 민주학교
마이클 애플·제임스 빈 엮음 | 강희룡 옮김 | 276쪽 | 값 14,000원

 05 21세기 교육과 민주주의
넬 나딩스 지음 | 심성보 옮김 | 392쪽 | 값 18,000원

 06 세계교육개혁: 민영화 우선인가 공적 투자 강화인가?
린다 달링-해먼드 외 지음 | 심성보 외 옮김 | 408쪽 | 값 21,000원

 07 콩도르세, 공교육에 관한 다섯 논문
니콜라 드 콩도르세 지음 | 이주환 옮김 | 300쪽 | 값 16,000원

 대한민국 교사, 어떻게 가르칠 것인가?
윤성관 지음 | 320쪽 | 값 15,000원

 아이들을 어떻게 가르칠 것인가
사토 마나부 지음 | 박찬영 옮김 | 232쪽 | 값 13,000원

 모두를 위한 국제이해교육
한국국제이해교육학회 지음 | 364쪽 | 값 16,000원

 경쟁을 넘어 발달 교육으로
현광일 지음 | 288쪽 | 값 14,000원

혁신교육 존 듀이에게 묻다
서용선 지음 | 292쪽 | 값 14,000원

 독일 교육, 왜 강한가?
박성희 지음 | 324쪽 | 값 15,000원

 다시 읽는 조선 교육사
이만규 지음 | 750쪽 | 값 33,000원

 핀란드 교육의 기적
한넬레 니에미 외 엮음 | 장수명 외 옮김 | 456쪽 | 값 23,000원

 대한민국 교육혁명
교육혁명공동행동 연구위원회 지음 | 224쪽 | 값 12,000원

 한국 교육의 현실과 전망
심성보 지음 | 724쪽 | 값 35,000원

▶ 비고츠키 선집 시리즈
발달과 협력의 교육학 어떻게 읽을 것인가?

 생각과 말
레프 세묘노비치 비고츠키 지음
배희철·김용호·D. 켈로그 옮김 | 690쪽 | 값 33,000원

 성장과 분화
L.S. 비고츠키 지음 | 비고츠키 연구회 옮김
308쪽 | 값 15,000원

 도구와 기호
비고츠키·루리야 지음 | 비고츠키 연구회 옮김
336쪽 | 값 16,000원

 연령과 위기
L.S. 비고츠키 지음 | 비고츠키 연구회 옮김
336쪽 | 값 17,000원

 어린이 자기행동숙달의 역사와 발달 I
L.S. 비고츠키 지음 | 비고츠키 연구회 옮김
564쪽 | 값 28,000원

 의식과 숙달
L.S. 비고츠키 | 비고츠키 연구회 옮김
348쪽 | 값 17,000원

 어린이 자기행동숙달의 역사와 발달 II
L.S. 비고츠키 지음 | 비고츠키 연구회 옮김
552쪽 | 값 28,000원

 분열과 사랑
L.S. 비고츠키 지음 | 비고츠키 연구회 옮김
260쪽 | 값 16,000원

 어린이의 상상과 창조
L.S. 비고츠키 지음 | 비고츠키 연구회 옮김
280쪽 | 값 15,000원

 성애와 갈등
L.S. 비고츠키 지음 | 비고츠키 연구회 옮김
268쪽 | 값 17,000원

 비고츠키와 인지 발달의 비밀
A.R. 루리야 지음 | 배희철 옮김 | 280쪽 | 값 15,000원

 관계의 교육학, 비고츠키
진보교육연구소 비고츠키교육학실천연구모임 지음
300쪽 | 값 15,000원

 수업과 수업 사이
비고츠키 연구회 지음 | 196쪽 | 값 12,000원

 비고츠키 생각과 말 쉽게 읽기
진보교육연구소 비고츠키교육학실천연구모임 지음
316쪽 | 값 15,000원

 비고츠키의 발달교육이란 무엇인가?
비고츠키교육학실천연구모임 지음 | 412쪽 | 값 21,000원

 교사와 부모를 위한 비고츠키 교육학
카르포프 지음 | 실천교사번역팀 옮김 | 308쪽 | 값 15,000원

 비고츠키 철학으로 본 핀란드 교육과정
배희철 지음 | 456쪽 | 값 23,000원

▶ 살림터 참교육 문예 시리즈
영혼이 있는 삶을 가르치는 온 선생님을 만나다!

 꽃보다 귀한 우리 아이는
조재도 지음 | 244쪽 | 값 12,000원

 선생님이 먼저 때렸는데요
강병철 지음 | 248쪽 | 값 12,000원

 성깔 있는 나무들
최은숙 지음 | 244쪽 | 값 12,000원

 서울 여자, 시골 선생님 되다
조경선 지음 | 252쪽 | 값 12,000원

아이들에게 세상을 배웠네
명혜정 지음 | 240쪽 | 값 12,000원

밥상에서 세상으로
김흥숙 지음 | 280쪽 | 값 13,000원

우물쭈물하다 끝난 교사 이야기
유기창 지음 | 380쪽 | 값 17,000원

행복한 창의 교육
최창의 지음 | 328쪽 | 값 15,000원

북유럽 교육 기행
정애경 외 14인 지음 | 288쪽 | 값 14,000원

▶ 4·16, 질문이 있는 교실 마주이야기
통합수업으로 혁신교육과정을 재구성하다!

통하는 공부
김태호·김형우·이경석·심우근·허진만 지음
324쪽 | 값 15,000원

내일 수업 어떻게 하지?
아이함께 지음 | 300쪽 | 값 15,000원
2015 세종도서 교양부문

인간 회복의 교육
성래운 지음 | 260쪽 | 값 13,000원

교과서 너머 교육과정 마주하기
이윤미 외 지음 | 368쪽 | 값 17,000원

수업 고수들 수업·교육과정·평가를 말하다
박현숙 외 지음 | 368쪽 | 값 17,000원

도덕 수업, 책으로 묻고 윤리로 답하다
울산도덕교사모임 지음 | 320쪽 | 값 15,000원

체육 교사, 수업을 말하다
전용진 지음 | 304쪽 | 값 15,000원

교실을 위한 프레이리
아이러 쇼어 엮음 | 사람대사람 옮김 | 412쪽 | 값 18,000원

마을교육공동체란 무엇인가?
서용선 외 지음 | 360쪽 | 값 17,000원

교사, 학교를 바꾸다
정진화 지음 | 372쪽 | 값 17,000원

함께 배움
학생 주도 배움 중심 수업 이렇게 한다
니시카와 준 지음 | 백경석 옮김 | 280쪽 | 값 15,000원

공교육은 왜?
홍섭근 지음 | 352쪽 | 값 16,000원

자기혁신과 공동의 성장을 위한
교사들의 필리버스터
윤양수·원종희·장군·조경삼 지음 | 280쪽 | 값 14,000원

미래교육의 열쇠, 창의적 문화교육
심광현·노명우·강정석 지음 | 368쪽 | 값 16,000원

주제통합수업, 아이들을 수업의 주인공으로!
이윤미 외 지음 | 392쪽 | 값 17,000원

수업과 교육의 지평을 확장하는 수업 비평
윤양수 지음 | 316쪽 | 값 15,000원
2014 문화체육관광부 우수교양도서

교사, 선생이 되다
김태은 외 지음 | 260쪽 | 값 13,000원

교사의 전문성, 어떻게 만들어지나
국제교원노조연맹 보고서 | 김석규 옮김 392쪽 | 값 17,000원

수업의 정치
윤양수·원종희·장군 지음 | 280쪽 | 값 14,000원

학교협동조합,
현장체험학습과 마을교육공동체를 잇다
주수원 외 지음 | 296쪽 | 값 15,000원

거꾸로 교실,
잠자는 아이들을 깨우는 수업의 비밀
이민경 지음 | 280쪽 | 값 14,000원

교사는 무엇으로 사는가
정은균 지음 | 292쪽 | 값 15,000원

마음의 힘을 기르는 감성수업
조선미 외 지음 | 300쪽 | 값 15,000원

작은 학교 아이들
지경준 엮음 | 376쪽 | 값 17,000원

아이들의 배움은 어떻게 깊어지는가
이시이 준지 지음 | 방지현·이창희 옮김 | 200쪽 | 값 11,000원

대한민국 입시혁명
참교육연구소 입시연구팀 지음 | 220쪽 | 값 12,000원

함께 배움 이렇게 시작한다
니시카와 준 지음 | 백경석 옮김 | 196쪽 | 값 12,000원

 함께 배움 교사의 말하기
니시카와 준 지음 | 백경석 옮김 | 188쪽 | 값 12,000원

 교육과정 통합, 어떻게 할 것인가?
성열관 외 지음 | 192쪽 | 값 13,000원

 학교 혁신의 길, 아이들에게 묻다
남궁상운 외 지음 | 272쪽 | 값 15,000원

 프레이리의 사상과 실천
사람대사람 지음 | 352쪽 | 값 18,000원
2018 세종도서 학술부문

 혁신학교, 한국 교육의 미래를 열다
송순재 외 지음 | 608쪽 | 값 30,000원

 페다고지를 위하여
프레네의 『페다고지 불변요소』 읽기
박찬영 지음 | 296쪽 | 값 15,000원

 노자와 탈현대 문명
홍승표 지음 | 284쪽 | 값 15,000원

 선생님, 민주시민교육이 뭐예요?
염경미 지음 | 244쪽 | 값 15,000원

 어쩌다 혁신학교
유우석 외 지음 | 380쪽 | 값 17,000원

 미래, 교육을 묻다
정광필 지음 | 232쪽 | 값 15,000원

 대학, 협동조합으로 교육하라
박주희 외 지음 | 252쪽 | 값 15,000원

 입시, 어떻게 바꿀 것인가?
노기원 지음 | 306쪽 | 값 15,000원

 촛불시대, 혁신교육을 말하다
이용관 지음 | 240쪽 | 값 15,000원

 라운드 스터디
이시이 데루마사 외 엮음 | 224쪽 | 값 15,000원

 미래교육을 디자인하는 학교교육과정
박승열 외 지음 | 348쪽 | 값 18,000원

 흥미진진한 아일랜드 전환학년 이야기
제리 제퍼스 지음 | 최상덕·김호원 옮김 | 508쪽 | 값 27,000원

 교사를 세우는 교육과정
박승열 지음 | 312쪽 | 값 15,000원

  전국 17명 교육감들과 나눈
교육 대담
최창의 대담·기록 | 272쪽 | 값 15,000원

  들뢰즈와 가타리를 통해
유아교육 읽기
리세롯 마리엣 올슨 지음 | 이연선 외 옮김 | 328쪽 | 값 17,000원

 학교 민주주의의 불한당들
정은균 지음 | 276쪽 | 값 14,000원

 교육과정, 수업, 평가의 일체화
리사 카터 지음 | 박승열 외 옮김 | 196쪽 | 값 13,000원

 학교를 개선하는 교장
지속가능한 학교 혁신을 위한 실천 전략
마이클 폴란 지음 | 서동연·정효준 옮김 | 216쪽 | 값 13,000원

 공자뎐, 논어는 이것이다
유문상 지음 | 392쪽 | 값 18,000원

 교사와 부모를 위한
발달교육이란 무엇인가?
현광일 지음 | 380쪽 | 값 18,000원

  교사, 이오덕에게 길을 묻다
이무완 지음 | 328쪽 | 값 15,000원

  낙오자 없는 스웨덴 교육
레이프 스트란드베리 지음 | 변광수 옮김 | 208쪽 | 값 13,000원

 끝나지 않은 마지막 수업
장석웅 지음 | 328쪽 | 값 20,000원

 성기순의 학교
진흥섭 외 지음 | 360쪽 | 값 17,000원

  학교를 말한다
이성우 지음 | 292쪽 | 값 15,000원

 행복도시 세종, 혁신교육으로 디자인하다
곽순일 외 지음 | 392쪽 | 값 18,000원

나는 거꾸로 교실 거꾸로 교사
류광모·임정훈 지음 | 212쪽 | 값 13,000원

 교실 속으로 간 이해중심 교육과정
온정덕 외 지음 | 224쪽 | 값 13,000원

교실, 평화를 말하다
따돌림사회연구모임 초등우정팀 지음 | 268쪽 | 값 15,000원

폭력 교실에 맞서는 용기
따돌림사회연구모임 학급운영팀 지음 | 272쪽 | 값 15,000원

학교자율운영 2.0
김용 지음 | 240쪽 | 값 15,000원

그래도 혁신학교
박은혜 외 지음 | 248쪽 | 값 15,000원

학교자치를 부탁해
유우석 지음 | 252쪽 | 값 15,000원

학교는 어떤 공동체인가?
성열관 외 지음 | 228쪽 | 값 15,000원

국제이해교육 페다고지
강순원 외 지음 | 256쪽 | 값 15,000원

교사 전쟁
다나 골드스타인 지음 | 유성상 외 옮김 | 468쪽 | 값 23,000원

미래교육, 어떻게 만들어갈 것인가?
송기상·김성천 지음 | 300쪽 | 값 16,000원

인공지능 시대의 사회학적 상상력
홍승표 지음 | 260쪽 | 값 15,000원

선생님, 페미니즘이 뭐예요?
염경미 지음 | 280쪽 | 값 15,000원

시민, 학교에 가다
최형규 지음 | 260쪽 | 값 15,000원

혁신교육지구와 마을교육공동체는 어떻게 만들어지는가?
김태정 지음 | 376쪽 | 값 18,000원

▶ 교과서 밖에서 만나는 역사 교실
상식이 통하는 살아 있는 역사를 만나다

전봉준과 동학농민혁명
조광환 지음 | 336쪽 | 값 15,000원

교과서 밖에서 배우는 역사 공부
정은교 지음 | 292쪽 | 값 14,000원

남도의 기억을 걷다
노성태 지음 | 344쪽 | 값 14,000원

팔만대장경도 모르면 빨래판이다
전병철 지음 | 360쪽 | 값 16,000원

응답하라 한국사 1·2
김은석 지음 | 356쪽·368쪽 | 각권 값 15,000원

빨래판도 잘 보면 팔만대장경이다
전병철 지음 | 360쪽 | 값 16,000원

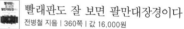

즐거운 국사수업 32강
김남선 지음 | 280쪽 | 값 11,000원

영화는 역사다
강성률 지음 | 288쪽 | 값 13,000원

즐거운 세계사 수업
김은석 지음 | 328쪽 | 값 13,000원

친일 영화의 해부학
강성률 지음 | 264쪽 | 값 15,000원

강화도의 기억을 걷다
최보길 지음 | 276쪽 | 값 14,000원

한국 고대사의 비밀
김은석 지음 | 304쪽 | 값 13,000원

광주의 기억을 걷다
노성태 지음 | 348쪽 | 값 15,000원

조선족 근현대 교육사
정미량 지음 | 320쪽 | 값 15,000원

선생님도 궁금해하는 한국사의 비밀 20가지
김은석 지음 | 312쪽 | 값 15,000원

다시 읽는 조선근대 교육의 사상과 운동
윤건차 지음 | 이명실·심성보 옮김 | 516쪽 | 값 25,000원

걸림돌
키르스텐 세룹-빌펠트 지음 | 문봉애 옮김
248쪽 | 값 13,000원

음악과 함께 떠나는 세계의 혁명 이야기
조광환 지음 | 292쪽 | 값 15,000원

역사수업을 부탁해
열 사람의 한 걸음 지음 | 388쪽 | 값 18,000원

논쟁으로 보는 일본 근대 교육의 역사
이명실 지음 | 324쪽 | 값 17,000원

진실과 거짓, 인물 한국사
하성환 지음 | 400쪽 | 값 18,000원

다시, 독립의 기억을 걷다
노성태 지음 | 320쪽 | 값 16,000원

우리 역사에서 사라진 근현대 인물 한국사
하성환 지음 | 296쪽 | 값 18,000원

한국사 리뷰
김은석 지음 | 244쪽 | 값 15,000원

꼬물꼬물 거꾸로 역사수업
역모자들 지음 | 436쪽 | 값 23,000원

경남의 기억을 걷다
류형진 외 지음 | 564쪽 | 값 28,000원

▶ 더불어 사는 정의로운 세상을 여는 인문사회과학
사람의 존엄과 평등의 가치를 배운다

밥상혁명
강양구·강이현 지음 | 298쪽 | 값 13,800원

좌우지간 인권이다
안경환 지음 | 288쪽 | 값 13,000원

도덕 교과서 무엇이 문제인가?
김대용 지음 | 272쪽 | 값 14,000원

민주시민교육
심성보 지음 | 544쪽 | 값 25,000원

자율주의와 진보교육
조엘 스프링 지음 | 심성보 옮김 | 320쪽 | 값 15,000원

민주시민을 위한 도덕교육
심성보 지음 | 500쪽 | 값 25,000원
2015 세종도서 학술부문

민주화 이후의 공동체 교육
심성보 지음 | 392쪽 | 값 15,000원
2009 문화체육관광부 우수학술도서

교과서 밖에서 배우는 인문학 공부
정은교 지음 | 280쪽 | 값 13,000원

갈등을 넘어 협력 사회로
이창언·오수길·유문종·신윤관 지음 | 280쪽 | 값 15,000원

오래된 미래교육
정재걸 지음 | 392쪽 | 값 18,000원

동양사상과 마음교육
정재걸 외 지음 | 356쪽 | 값 16,000원
2015 세종도서 학술부문

대한민국 의료혁명
전국보건의료산업노동조합 엮음 | 548쪽 | 값 25,000원

교과서 밖에서 배우는 철학 공부
정은교 지음 | 280쪽 | 값 14,000원

교과서 밖에서 배우는 고전 공부
정은교 지음 | 288쪽 | 값 14,000원

교과서 밖에서 배우는 사회 공부
정은교 지음 | 304쪽 | 값 15,000원

전체 안의 전체 사고 속의 사고
김우창의 인문학을 읽다
현광일 지음 | 320쪽 | 값 15,000원

교과서 밖에서 배우는 윤리 공부
정은교 지음 | 292쪽 | 값 15,000원

카스트로, 종교를 말하다
피델 카스트로·프레이 베토 대담 | 조세종 옮김
420쪽 | 값 21,000원

한글 혁명
김슬옹 지음 | 388쪽 | 값 18,000원

일제강점기 한국철학
이태우 지음 | 448쪽 | 값 25,000원

우리 안의 미래교육
정재걸 지음 | 484쪽 | 값 25,000원

한국 교육 제4의 길을 찾다
이길상 지음 | 400쪽 | 값 21,000원

왜 그는 한국으로 돌아왔는가?
황선준 지음 | 364쪽 | 값 17,000원

마을교육공동체 생태적 의미와 실천
김용련 지음 | 256쪽 | 값 15,000원

▶ 평화샘 프로젝트 매뉴얼 시리즈
학교폭력에 대한 근본적인 예방과 대책을 찾는다

 학교폭력 어떻게 만들어지는가
문재현 외 지음 | 300쪽 | 값 14,000원

 아이들을 살리는 동네
문재현·신동명·김수동 지음 | 204쪽 | 값 10,000원

 학교폭력, 멈춰!
문재현 외 지음 | 348쪽 | 값 15,000원

 평화! 행복한 학교의 시작
문재현 외 지음 | 252쪽 | 값 12,000원

 왕따, 이렇게 해결할 수 있다
문재현 외 지음 | 236쪽 | 값 12,000원

 마을에 배움의 길이 있다
문재현 지음 | 208쪽 | 값 10,000원

 젊은 부모를 위한 백만 년의 육아 슬기
문재현 지음 | 248쪽 | 값 13,000원

 별자리, 인류의 이야기 주머니
문재현·문한뫼 지음 | 444쪽 | 값 20,000원

 우리는 마을에 산다
유양우·신동명·김수동·문재현 지음 | 312쪽 | 값 15,000원

 동생아, 우리 뭐 하고 놀까?
문재현 외 지음 | 280쪽 | 값 15,000원

 누가, 학교폭력 해결을 가로막는가?
문재현 외 지음 | 312쪽 | 값 15,000원

▶ 남북이 하나 되는 두물머리 평화교육
분단 극복을 위한 치열한 배움과 실천을 만나다

 10년 후 통일
정동영·지승호 지음 | 328쪽 | 값 15,000원

 선생님, 통일이 뭐예요?
정경호 지음 | 252쪽 | 값 13,000원

 분단시대의 통일교육
성래운 지음 | 428쪽 | 값 18,000원

 김창환 교수의 DMZ 지리 이야기
김창환 지음 | 264쪽 | 값 15,000원

 한반도 평화교육 어떻게 할 것인가
이기범 외 지음 | 252쪽 | 값 15,000원

▶ 창의적인 협력 수업을 지향하는 삶이 있는 국어 교실
우리말 글을 배우며 세상을 배운다

 중학교 국어 수업 어떻게 할 것인가?
김미경 지음 | 340쪽 | 값 15,000원

 토론의 숲에서 나를 만나다
명혜정 엮음 | 312쪽 | 값 15,000원

 토닥토닥 토론해요
명혜정·이명선·조선미 엮음 | 288쪽 | 값 15,000원

 인문학의 숲을 거니는 토론 수업
순천국어교사모임 엮음 | 308쪽 | 값 15,000원

 어린이와 시
오인태 지음 | 192쪽 | 값 12,000원

 수업, 슬로리딩과 함께
박경숙 외 지음 | 268쪽 | 값 15,000원

 언어던
정은균 지음 | 268쪽 | 값 15,000원

 민촌 이기영 평전
이성렬 지음 | 508쪽 | 값 20,000원